ACCESO GRATIS ***a la Lectura en la Nube***

Para visualizar el libro electrónico en la nube de lectura envíe junto a su nombre y apellidos una fotografía del código de barras situado en la contraportada del libro y otra del ticket de compra a la dirección:

ebooktirant@tirant.com

En un máximo de 72 horas laborales le enviaremos el código de acceso con sus instrucciones.

LA TRASCENDENCIA JURÍDICA Y SOCIAL DE LA FUNCIÓN NOTARIAL EN MÉXICO

LA TRASCENDENCIA JURÍDICA Y SOCIAL DE LA FUNCIÓN NOTARIAL EN MÉXICO

Pascual Alberto Orozco Garibay
Notario Público 193 de la Ciudad de México

tirant lo blanch
México, 2025

En caso de erratas y actualizaciones, la Editorial Tirant Humanidades publicará la pertinente corrección en la página web www.tirant.com/mex/.

Este libro será publicado y distribuido internacionalmente en todos los países donde la Editorial Tirant lo Blanc esté presente.

El contenido de los documentos que conforman esta obra es responsabilidad exclusiva de los autores y no representa en forma alguna la opinión del Colegio de Notarios de la Ciudad de México.

© TIRANT LO BLANCH
DISTRIBUYE: TIRANT LO BLANCH
Av. Tamaulipas 150, Oficina 502
Hipódromo, Cuauhtémoc, CP 06100, Ciudad de México
Telf: +52 1 55 65502317
infomex@tirant.com
www.tirant.com/mex/
www.tirant.es
Librería virtual: www.tirant.es

© Colegio de Notarios de la Ciudad de México
Instituto de Investigaciones Jurídica del Notariado
Río Tigris 63, Cuauhtémoc, 06500, Ciudad de México
Teléfono 55 5511 1819
ISBN: 978-84-1095-406-9
ISBN COEDITOR: 978-607-7873-70-9

Impreso y hecho en México

Si tiene alguna queja o sugerencia, envíenos un mail a: *atencioncliente@tirant.com*. En caso de no ser atendida su sugerencia, por favor, lea en *www.tirant.net/index.php/empresa/politicas-de-empresa* nuestro procedimiento de quejas.

Responsabilidad Social Corporativa: http://www.tirant.net/Docs/RSCTirant.pdf

Dedicatorias

A mis hijos Luis Rubén y Berna Paulina Orozco Terán, con el amor incondicional de siempre.

A los notarios que día a día realizan un trabajo silencioso, pero efectivo, para lograr que en México prevalezca un Estado de Derecho.

Agradecimientos

Con profundo agradecimiento a la licenciada Ana Treto Colín, por su invaluable apoyo en la obtención de datos estadísticos y en la relación de notarios, cuyos libros aparecen en este ensayo. Su profesionalismo es admirable; así como al personal del Instituto de Investigaciones Jurídicas del Notariado, del Colegio de Notarios de la Ciudad de México.

A mi asistente, Dolores Franco, por su paciencia en la transcripción y corrección de este texto.

Índice

Introducción

El presente libro es un bosquejo sobre la importancia de la función notarial en México. Su contenido está estructurado en tres capítulos.

En el primero de ellos se desarrolla la participación jurídica del notario en el ámbito federal, en las siguientes materias:

i. agraria,
ii. mercantil,
iii. fiscal,
iv. inversión extranjera inmobiliaria y corporativa,
v. electoral,
vi. en la constitución de asociaciones religiosas y en sus adquisiciones de inmuebles,
vii. otorgamiento de créditos con garantías hipotecarias, fiduciarias y prendarias
viii. en la prevención de operaciones con recursos de procedencia ilícita.

En el segundo se desglosa la intervención notarial a un nivel local:

i. en lo relativo a cuestiones inmobiliarias,
ii. en materias testamentarias y sucesorias,
iii. en la constitución de instituciones de asistencia pública, asociaciones y sociedades civiles,
iv. en el otorgamiento, revocación y renuncia de poderes,
v. voluntad anticipada,
vi. notificaciones, requerimientos, declaraciones, fe de hechos,
vii. cotejos y certificaciones de documentos.

Mientras que en el tercer capítulo se hace hincapié en la responsabilidad social del notariado, la cual se proyecta y manifiesta entre otras formas:

i. en la elaboración de testamentos a bajo costo;
ii. en las asesorías jurídicas gratuitas;
iii. en la regularización de propiedades a un menor costo.

Asimismo, se alude a dos actividades poco mencionadas que tienen una gran repercusión social:

I. El ser coadyuvante para hacer efectivos los derechos humanos:

i. a la igualdad y no discriminación,
ii. a una vivienda digna,
iii. a decidir sobre los tratamientos médicos y quirúrgicos,
iv. a la asociación,
v. a la seguridad jurídica,
vi. a la propiedad privada y al derecho a heredar,
vii. al acceso a la justicia pronta y expedita,
viii. a la libertad para otorgar testamentos.

II. A la creación y difusión de la cultura jurídica mediante la publicación de libros, ensayos, breviarios, así como en la impartición de clases, seminarios, cursos y diplomados en distintas universidades y escuelas de derecho.

El notariado mexicano ha asumido un papel muy importante en la consolidación de la doctrina jurídica, principalmente, en el ámbito del derecho privado.

Las actividades antes mencionadas son tan sólo una muestra representativa del cúmulo de funciones que realizan los notarios día con día.

En suma, este ensayo es un intento por mostrar la trascendencia de la función notarial en el ámbito jurídico y social.

Capítulo I.

LA IMPORTANCIA JURÍDICA DE LA FUNCIÓN NOTARIAL EN EL ÁMBITO FEDERAL

I. EN MATERIA AGRARIA[1]

La propiedad social es un tipo de propiedad que comprende la mitad del territorio nacional, regida por los artículos 2-V, VI y 27-VIII constitucionales y la Ley Agraria, a la que sólo pueden acceder las personas físicas mexicanas, los ejidos y las comunidades agrarias e indígenas.

La titularidad de la propiedad ejidal le corresponde a los ejidos y comprende tres tipos de tierras: 1) los de asentamientos humanos; 2) las de uso común y 3) las parceladas (son las asignadas en usufructo a los ejidatarios).

De 1917 a 1992 las tierras ejidales no se podían enajenar o gravar.

---

1 Se puede consultar en esta materia los ensayos de Aguilar Molina, Víctor Rafael, "La actividad notarial en el nuevo derecho agrario", Colección de Temas Jurídicos en Breviarios, Ed. Librería Porrúa y Colegio de Notarios del Distrito Federal, 2ª ed., México, 2007; "La enajenación de derechos parcelarios conforme al nuevo artículo 80 de la Ley Agraria, en Revista Mexicana de Derecho, Colegio de Notarios del Distrito Federal, núm. 10, Ed. Porrúa y Colegio de Notarios del Distrito Federal, México, 2008; Orozco Garibay, Pascual Alberto, "La propiedad pública, privada y social en México", Ed. Porrúa, México, 2024.

Fue a partir de la reforma constitucional al artículo 27,[2] que los ejidatarios pueden ser dueños de sus parcelas; los ejidos ya pueden aportar las tierras de uso común para constituir sociedades formando parte de ellas, siempre y cuando la asamblea de ejidatarios así lo acuerde en ambos casos.

Desde 1992 a la fecha la intervención de los notarios es muy importante y entre los principales actos en que tienen participación son los siguientes:

a) Formalización de la lista de sucesión. En los términos del artículo 17 de la Ley Agraria el ejidatario tiene la facultad de designar a quién debe sucederle en sus derechos sobre su parcela y sus demás derechos de ejidatario.

b) Dar fe de las asambleas de formalidades especiales (arts. 23-VII a XXIV de la Ley Agraria).[3] Estas asambleas resuelven:

1. El señalamiento y delimitación de las áreas necesarias para el asentamiento humano, fundo legal, de las parcelas, del área de urbanización;
2. El reconocimiento del parcelamiento económico y la regularización de los posesionarios;
3. La autorización para que los ejidatarios asuman el dominio pleno de sus parcelas y para la aportación de las tierras de uso común a una sociedad;
4. La delimitación, asignación y destino de las tierras de uso común;
5. La división del ejido o su fusión con otros ejidos;
6. La terminación del régimen ejidal;

---

2 Publicada en el *Diario Oficial de la Federación* el 6 de enero de 1992.

3 Todos los artículos citados son de la Ley Agraria, misma que fue publicada en el *Diario Oficial de la Federación* el 26 de febrero de 1992.

7. La conversión de régimen ejidal a comunal.

De conformidad con el artículo 28 en estas asambleas debe estar presente un notario, de lo contrario la asamblea será nula.

En estas asambleas el notario debe verificar que se encuentre presente un representante de la Procuraduría Agraria; identificar a los ejidatarios y cotejar que aparezcan en el padrón o lista de ejidatarios expedida por el Registro Agrario Nacional; verificar que aparezcan publicadas las convocatorias en el lugar visible del ejido y con la anticipación debida; dar fe de los acuerdos adoptados. (arts. 28, 38, 25, 26, 27)

c) Dar fe de los sorteos para asignar parcelas, cuando existan sujetos con los mismos derechos y para ejercer el derecho del tanto en caso de posturas iguales. (arts. 58 y 85)

d) La formalización de los contratos de crédito en los que el ejidatario otorgue en garantía, el usufructo de sus parcelas o el ejido garantice un crédito con el usufructo de las tierras de uso común. (art. 46)

e) La ratificación de firmas en la enajenación de derechos parcelarios, de los contratantes como de los testigos en su caso y del cónyuge del enajenante. (art. 80)

f) Notificación del derecho del tanto cuando se trate de la primera enajenación de parcelas con dominio pleno a título oneroso. (art. 84)

g) Notificación del derecho de preferencia a la Federación, entidades federativas, municipios y demarcaciones territoriales para adquirir en igualdad de condiciones los predios comprendidos en las zonas de reserva territorial (cuentan con un plazo de 30 días naturales para ejercerlo), en los términos del artículo 84 de la Ley General de Asentamientos Humanos, Ordenamiento Territorial y Desarrollo Urbano.[4]

h) Formalizar la primera enajenación de parcelas, con dominio pleno, sea a título gratuito u oneroso, ya que dicha parcela dejó de ser ejidal (art. 82), aunque si se vende a una persona ajena al ejido se deben cumplir con varios requisitos:

   1. Se debe respetar el derecho de preferencia que la ley otorga a los familiares del enajenante; a las personas que hayan trabajado dichas parcelas por más de un año; a los ejidatarios, avecindados, al núcleo de la población y en su caso a la Federación, entidades federativas, municipios y demarcaciones territoriales si se encuentra el predio dentro de la zona de reserva territorial para el crecimiento de un centro de población;
   2. Debe hacerse cuando menos al precio que establezca el Instituto de Administración y Avalúos de Bienes Nacionales o cualquier institución de crédito. (arts. 84, 86, 89)

      En términos generales la primera venta de parcelas sobre las que se hubiere adoptado el dominio pleno se encuentra exenta del impuesto sobre la renta, siempre y cuando acredite su carácter de ejidatario, y se realice la enajenación en las condiciones prescritas en la Ley Agraria. (arts. 93-XXVIII de la Ley del Impuesto Sobre la Renta).

i) Formalizar la enajenación de solares urbanos.

   Todo ejidatario tiene derecho a recibir gratuitamente un solar al constituirse la zona de urbanización del ejido. El acta de la asamblea que acordó la asignación de solares

---

[4] Publicada en el *Diario Oficial de la Federación* el 28 de noviembre de 2016.

se inscribe en el Registro Agrario Nacional, quien expide los títulos que acreditan la propiedad plena a favor del ejidatario y a partir de ese momento dejan de ser ejidales y quedan sujetos al derecho civil. (arts. 68 y 69)

Por ello es necesario que la enajenación se realice a través de notario, como cualquier transmisión de propiedad de un inmueble.

j) Elaboración de la escritura de la aportación que realice el ejido de tierras de uso común a sociedades mercantiles o civiles (formando parte de ellas), mismas que deben tener una serie especial de acciones o partes sociales identificadas con la letra T, en cuyo caso las tierras dejan de ser ejidales. (art. 75)

k) Constitución de sociedades rurales

   a) Uniones de Ejidos

   Los ejidos pueden constituir uniones y el acta constitutiva que contenga los estatutos de la unión deben otorgarse ante notario e inscribirse en el Registro Agrario Nacional. (art. 108)

   b) Sociedades de Producción Rural.

   Los productores rurales pueden constituir una Sociedad de Producción Rural ante notario, con un mínimo de dos socios, pudiendo ser su responsabilidad limitada, ilimitada o suplementado y será administrada por un Consejo de Administración. Se deben inscribir en el Registro Público de Comercio. (art. 111)

   c) Uniones de sociedades de producción rural. Dos o más sociedades de producción rural podrán constituirla y se debe formalizar ante notario e inscribirse en el Registro Público de Comercio. (art. 113)

l) Constitución de nuevos ejidos. (art. 99)

A manera de corolario se puede señalar que desde el surgimiento del Estado mexicano uno de los problemas más trascendentes en su historia es el de la propiedad. Habría que recordar las leyes de desamortización de bienes de Ignacio Comonfort (1856) y las subsecuentes Leyes de Colonización y de Terrenos Baldíos expedidas por Benito Juárez y Porfirio Díaz, que despojaron de sus tierras a las comunidades indígenas y a los campesinos por no contar con un título de propiedad de las tierras que trabajaban, y que fueron origen de la Revolución Mexicana de 1910, y años más tarde de la Constitución de 1917.

No obstante la restitución y dotación de tierras -desde 1917 hasta 1992-, los ejidatarios y comuneros no eran propietarios de sus tierras, únicamente usufructuarios y con las limitaciones prescritas en las leyes agrarias que prohibían la enajenación o arrendamiento de las parcelas.

Si bien es cierto con la reforma constitucional del entonces presidente Carlos Salinas de Gortari al artículo 27 constitucional y la expedición de la Ley Agraria, ambas de 1992, se permitió que pudieran adquirir la propiedad los ejidos y las comunidades agrarias, no siendo así el caso de los ejidatarios, quienes continúan en su gran mayoría siendo usufructuarios de más de 30 millones de hectáreas que se encuentran parceladas a su favor.

Es aquí donde la participación de los notarios está coadyuvando a resolver la problemática de ejidos y ejidatarios.

II. MERCANTIL

Se puede considerar que la figura del notario en el ámbito corporativo y comercial es de suma relevancia en varios aspectos.

En primer lugar porque permite hacer efectivos varios derechos humanos fundamentales como:

a) La libre concurrencia y competencia económica consignados en los artículos 25 y 28 constitucionales.

b) El derecho de asociación reconocido en el artículo 9° de la Carta Magna.

c) La libertad de trabajo, industria y comercio señalado en el artículo 5° de la Ley Suprema.

En segundo lugar, la creación de sociedades ante su fe fomenta la creación de empleos, la seguridad de las aportaciones de los socios y accionistas, acrecienta la economía formal y el número de contribuyentes.

El surgimiento de una persona jurídica permite separar los patrimonios de los socios y accionistas, lo que conlleva a que los integrantes de la sociedad tienen la certeza que en caso de quebrar la empresa únicamente perderán el dinero aportado en la misma, y no todo su capital. En México la mayoría de las sociedades son micro o pequeñas.

En tercer lugar el notario interviene en la historia de las sociedades desde su fundación hasta su extinción. Protocoliza los acuerdos de aumentos y disminuciones de capital, la designación de los integrantes del órgano de administración y de vigilancia, el otorgamiento y revocación de poderes, la fusión con otras empresas, su escisión, su disolución anticipada y su liquidación. La vida de una sociedad está documentada en las escrituras.

Las transacciones comerciales de las empresas son muy confiables porque se tiene la garantía de su existencia jurídica, de quienes son sus representantes y que gozan de las facultades necesarias para celebrar los actos jurídicos.

El dinamismo comercial se basa en la confianza entre proveedores y consumidores, y se fundamenta en las escrituras respectivas inscritas en el Registro Público de Comercio.

3. Fiscal

Una función muy importante que realizan los notarios para el Estado es la recaudación y entero de las contribuciones generadas por las transmisiones de propiedad, sean estas onerosas o gratuitas, realizadas por mexicanos y extranjeros o por personas residentes en otro país. Entre ellas se encuentran las siguientes:

a) Impuesto Sobre la Renta por enajenación de inmuebles

> A un nivel federal el notario está obligado a calcular y enterar el impuesto sobre la renta por los ingresos gravables obtenidos por las personas físicas y en algunos supuestos por las personas morales con fines no lucrativos por la enajenación de inmuebles. (arts. 31-IV constitucional; 121-126, 160, 79-81 de la Ley del Impuesto Sobre la Renta y 201 y siguientes del reglamento de esta ley)

Si un residente fiscal en territorio nacional, sea éste nacional o extranjero, transmite a título oneroso un inmueble se pueden plantear dos hipótesis:

1) Venta de casa habitación.

- Se puede exentar el ingreso obtenido por la venta si cumple los siguientes requisitos:

a) Acreditar ser residente fiscal mediante la constancia expedida por el Sistema de Administración Tributaria (SAT) o con su Cédula de Identificación Fiscal (CIF);

b) No haber solicitado otra exención por concepto de enajenación de inmuebles durante los últimos tres años;

c) Demostrar que el predio, materia de la venta, es su casa habitación, ya sea con su credencial de elector o con los comprobantes fiscales de los pagos efectuados por la prestación de los servicios de energía eléctrica, telefonía fija o con los estados de cuenta que proporcionan las instituciones que componen el sistema financiero o por casas comerciales o de tarjetas de crédito no bancarias.

d) Dicha documentación debe estar a nombre del enajenante, de su cónyuge, ascendientes o descendientes en línea recta.

e) Proporcionar su Registro Federal de Contribuyentes (RFC) y su Clave Única de Registro de Población (CURP).

f) Declararlo bajo protesta de decir verdad.

g) Si es extranjero, el único requisito adicional que debe cumplir es señalar un domicilio para oír notificaciones diferentes al de la casa que está enajenando. Si cumple con todos y cada uno de los requisitos anteriores, el ingreso obtenido se encuentra exento hasta un equivalente a 700 mil unidades de inversión (UDIS),[5] equivalentes (al 8 de enero de 2025) a $5'850,994.10.

   Dicha exención se encuentra condicionada a que manifieste dicho ingresos en su declaración anual. Por el excedente debe cubrir el pago del ISR. La exención es por cada contribuyente, en consecuencia en los supuestos de que, varios copropietarios o el albacea de la sucesión con la conformidad de los coherederos, enajenen un inmueble, cada uno de ellos tendrá derecho a la exención.

2) Enajenación de cualquier predio que no sea su casa habitación.

---

5 El importe de las UDIS se actualiza todos los días. Se puede verificar su valor en el *Diario Oficial de la Federación* los días 10 y 25 de cada mes.

En este supuesto, el cálculo del Impuesto Sobre la Renta (ISR) se determina aplicando a la utilidad gravable (precio menos deducciones actualizadas) la tarifa respectiva (arts. 121-126 de la Ley del Impuesto Sobre la Renta; y 155, 201 y siguientes del reglamento de dicha ley; y reglas números 3.15.1. y 3.15.4 de la Resolución Miscelánea Fiscal del año 2025).

Para determinar la utilidad gravable es necesario cuantificar el monto de las deducciones actualizadas, y restar al total de las mismas el importe del precio; el saldo es la base gravable o utilidad gravable.

Si el enajenante no es residente fiscal en México, debe pagar 25% del precio obtenido sin deducción alguna o en su caso liquidar el impuesto a la tasa del 35% de la utilidad gravable. (art. 160 de la Ley del Impuesto Sobre la Renta)

Es importante recalcar que no se consideran ingresos por enajenación los que se derivan por causa de muerte y donación, aunque sí se podrían considerar para efectos del ISR por adquisición de inmuebles (arts. 119 y 121 de la Ley del Impuesto Sobre la Renta).

En los términos del artículo 119 de dicha ley se considera como ingreso el monto de la contraprestación obtenida.

b) Impuesto Sobre la Renta por adquisición de inmuebles

Este impuesto se genera en tres casos:

1) Cuando el valor del avalúo exceda en más de un 10% al monto de la contraprestación pactada; en este supuesto el adquirente debe pagar el 20% sobre el monto de la diferencia entre el precio pactado y el valor del avalúo.

   Es importante aclarar que esta hipótesis normativa es igualmente aplicable a las personas morales con fines no lucrativos, con excepción de las contempladas en los artículos 80 y 81 de la Ley del Impuesto Sobre la Renta (arts. 130, 131 y 132 de la Ley del Impuesto Sobre la Renta, y 217 del reglamento de dicha ley).

2) En el caso de las donaciones cuando el adquirente no sea cónyuge, ascendiente o descendiente del donante. La tasa aplicable es el 20% del valor del avalúo sin deducción alguna (arts. 130 y 132 de la Ley del Impuesto Sobre la Renta).

3) Cuando se adquiere por prescripción, en cuyo caso se debe liquidar el impuesto a la tasa del 20% del valor del avalúo referido a la fecha en la que se consumó, y si no se puede determinar, en la que se haya interpuesto la demanda (arts. 130,-131 y 132 de la Ley del Impuesto Sobre la Renta, y 217 del reglamento de dicha ley).

Asimismo, si el donatario o adjudicatario es residente fiscal en el extranjero la tasa es del 25% sobre el valor de avalúo sin deducción alguna. (art. 160 de la Ley del Impuesto Sobre la Renta)

c) Impuesto al Valor Agregado

Este impuesto se causa por toda transmisión de propiedad onerosa de un inmueble por el precio de las construcciones no destinados a casa habitación a la tasa del 16% en los términos de los artículos 3º, 8º y 9º de la Ley del Impuesto al Valor Agregado.

El notario está obligado a calcularlo y enterarlo de conformidad con lo prescrito en el artículo 33 de la Ley del Impuesto al Valor Agregado, salvo que el enajenante sea un contribuyente habitual del citado impuesto, en cuyo caso está eximido de hacerlo. (art. 78 del reglamento de dicha ley).

El ISR por las enajenaciones y adquisiciones de inmuebles (que perciben la Federación y las entidades federativas) como el Impuesto al Valor Agregado (IVA) en su caso son miles de millones de pesos que recaudan y enteran los notarios sin costo alguno para el Estado.

En conclusión, el notario debe calcular y enterar el ISR en los supuestos de adquisición y enajenación de inmuebles por personas físicas dentro de los 15 días siguientes a la fecha de firma de la escritura al SAT a través del Declaranet, y entregarle al enajenante la constancia de retención del impuesto cobrado y enterado (art. 126 de la Ley del Impuesto Sobre la Renta).

Las dos únicas excepciones a este principio son:

1) Que el ingreso obtenido por el enajenante o por el adquirente se encuentren exentos (art. 93-XIX, XXIII y XXVIII de la Ley del Impuesto Sobre la Renta).

2) Cuando el enajenante sea una persona física dedicada a actividades empresariales y ésta declare y acredite que el inmueble objeto de la venta forma parte del activo de su empresa, de conformidad con lo prescrito por el artículo 212 del reglamento de la Ley del Impuesto Sobre la Renta.

Adicionalmente debe entregar al enajenante un ejemplar del procedimiento seguido para el cálculo del ISR (art. 126 y regla 3.15.5 de la Miscelánea Fiscal del 2025), igualmente el notario debe expedir al adquirente, el Comprobante Fiscal Digital por Internet (CFDI) con complemento, en el que conste el precio de la operación, el inmueble enajenado y los RFC, tanto del enajenante como del adquirente, en los términos de la regla 2.7.1.20 de la Resolución Miscelánea Fiscal del 2025.

En lo que respecta al IVA, el notario debe calcularlo y enterarlo en los casos que se enajenen construcciones no habitacionales a la tasa del 16% sobre el precio de las mismas, y únicamente queda exceptuado de dicha obligación si el enajenante es contribuyente habitual del IVA (artículos 1º, 8º, 9º, y 33 de la Ley al Impuesto al Valor Agregado, y 78 del reglamento de dicha ley).

d) Impuestos locales

Adquisición de bienes inmuebles o traslado de dominio.

La adquisición de un inmueble, por cualquier causa, genera el impuesto local de adquisición de bienes inmuebles (traslado de dominio) en los términos establecidos por las leyes fiscales locales. (arts. 31-IV, 115-IV y 122 constitucionales)

Es importante resaltar que este impuesto es un ingreso para el municipio y para algunos de ellos, los impuestos inmobiliarios son la segunda fuente de sus ingresos, lo que permite prestar, entre otros, servicios públicos a su cargo de manera más eficiente como agua potable, drenaje, alcantarillado, tratamiento y disposición de sus aguas residuales, alumbrado público, limpia, recolección, traslado, tratamiento y disposición final de residuos, mercados y centrales de abasto, panteones, rastro, calles, parques, jardines y su equipamiento (art. 115-III, IV-a constitucional)

La recaudación de este impuesto por los notarios redundan en un beneficio para los habitantes de los municipios quienes tendrán así mayores posibilidades de gozar de un medio ambiente sano, y al acceso de agua para consumo personal y doméstico en forma suficiente y salubre (art. 4 constitucional)

En el caso de la Ciudad de México, el impuesto de adquisición de bienes inmuebles en 2023 ascendió a la suma de $8 683 millones de pesos y de enero a junio de 2024 se han recaudado $4 114 millones.[6]

Adicionalmente se deben incluir los derechos que perciben las entidades federativas por la inscripción de los testimonios

---

6 https://servidoresx3.finanzas.cdmx.gob.mx/documentos/iapp23.html. Consultado el 26 de agosto de 2024.
https://servidoresx3.finanzas.cdmx.gob.mx/documentos/iapp24.html. Consultado el 26 de agosto de 2024.

traslativos de propiedad en los Registros Públicos de la Propiedad.

4. Inversión extranjera inmobiliaria y corporativa

a) Inversión extranjera inmobiliaria

Sin lugar a dudas la inversión extranjera es una fuente de ingresos muy importante para el país, principalmente cuando se canaliza hacia la creación de empresas, o bien en la adquisición de inmuebles.

En este caso el notario es el facultado para formalizar dicha transmisión de propiedad en favor del extranjero, previo permiso o constancia expedida por la Secretaría de Relaciones Exteriores (arts. 27-I constitucional y 10 A de la Ley de Inversión Extranjera), siempre y cuando el predio se encuentra ubicado fuera de la zona restringida (100 km a lo largo de las fronteras y de 50 km en las playas), acredite el extranjero su situación migratoria regular (art. 65 de la Ley de Migración) ya sea como visitante, residente temporal o residente permanente.

En el supuesto de que la inversión inmobiliaria la pretenda efectuar dentro de dicha zona, se debe constituir un fideicomiso inmobiliario en la zona restringida, de conformidad con lo señalado por los artículos 11 al 14 de la Ley de Inversión Extranjera, previo permiso que otorga la Secretaría de Relaciones Exteriores a la institución fiduciaria.

Este fideicomiso se debe formalizar ante notario y debe cumplir con las condiciones consignadas en el artículo 11 del Reglamento de la Ley de Inversión Extranjera y del Registro Nacional de Inversiones Extranjeras e inscribirse en el Registro Nacional de Inversiones Extranjeras dentro del de los 40 días hábiles contados a partir de la constitución del mismo. La obligación de inscribirlo es facultad de la institución fiduciaria; no obstante, si al notario no le exhiben la solicitud de inscripción, debe notificar de dicha omisión dentro de los 10 días hábiles siguientes a la fecha de autorización de la escritura. (arts. 31, 32, 33 y 34 de la Ley de Inversión Extranjera)

b) Inversión extranjera corporativa

Se puede definir la inversión como el conjunto de actividades económicas y jurídicas que realiza una persona para desarrollar una actividad productiva por sí misma o a través de la participación en las empresas ya constituidas o en su creación con una finalidad lucrativa.

En consecuencia la inversión extranjera por sociedades extranjeras puede ser de manera directa o mediante la participación en sociedades mexicanas.

El artículo 2° de la Ley de Inversión Extranjera define que se entiende por inversión extranjera al prescribir:

> Artículo 2° [...] II. Inversión extranjera: a) La participación de inversionistas extranjeros, en cualquier proporción, en el capital social de sociedades mexicanas; b) La realizada por sociedades mexicanas con mayoría .de capital extranjero; y c) La participación de inversionistas extranjeros en las actividades y actos contemplados por esta Ley; III. Inversionista Extranjero: a la persona física o moral de nacionalidad distinta a la mexicana y las entidades extranjeras sin personalidad jurídica [...].

Esta disposición considera inversión extranjera tanto la realizada por extranjeros por sí mismos o mediante su participación en sociedades mexicanas. En este último supuesto el criterio determinante para clasificar la inversión extranjera es la nacionalidad de los socios o accionistas.

Los principios constitucionales que rigen a la inversión extranjera corporativa son los siguientes:

A) Todo extranjero puede realizar cualquier inversión que no esté limitada o restringida por la Constitución.

Al respecto el artículo 1° constitucional señala:

> En los Estados Unidos Mexicanos todas las personas gozarán de los derechos humanos reconocidos en esta Constitución y en los tratados internacionales de los que el Estado Mexicano sea parte, así como de las garantías para su protección, cuyo ejercicio no podrá restringirse ni suspenderse, salvo en los casos y bajo las condiciones que está Constitución establece [...]

Dicho de otra manera, el extranjero puede hacer todo aquello que no esté prohibido o limitado por la ley (Principio de Legalidad).

B) Todo extranjero puede dedicarse a la profesión, industria, comercio o trabajo que sean lícitos.

El artículo 5° constitucional en su parte conducente establece:

> A ninguna persona podrá impedirse que se dedique a la profesión, industria, comercio o trabajo que le acomode, siendo lícitos. El ejercicio de esta libertad sólo podrá vedarse por determinación judicial, cuando se ataquen los derechos de tercero, o por resolución gubernativa, dictada en los términos que marque la ley, cuando se ofendan los derechos de la sociedad [...]

C) Todo extranjero puede asociarse libremente con cualquier objeto lícito.

El numeral 9 de la Ley Suprema señala: “No se podrá coartar el derecho de asociarse o reunirse pacíficamente con cualquier objeto lícito [...]”.

D) Los extranjeros tienen derecho a participar en el desarrollo económico nacional pudiendo competir con todo tipo de empresas y en las diversas áreas y actividades económicas, con excepción de las áreas estratégicas; con las limitaciones en las áreas prioritarias y las que son exclusivamente para mexicanos.

El artículo 25 constitucional no sólo prescribe la rectoría económica del Estado, sino también la libertad de mercado y la libertad económica de los particulares sean estos nacionales o extranjeros.

E) Los extranjeros no pueden participar en las áreas estratégicas que son:

1) correos; 2) telégrafos y radio telegrafía; 3) minerales radiactivos y generación de energía nuclear; 4) la planeación y el control del sistema eléctrico nacional, así como el servicio público de transmisión y distribución de energía eléctrica; 5) la exploración y extracción del petróleo y de los demás hidrocarburos en los términos de los párrafos sexto y séptimo del artículo 27 constitucional; 6) acuñación de moneda y emisión de billetes, 7) control, supervisión y vigilancia de puertos, aeropuertos y helipuertos.

Estas son actividades económicas conferidas de manera exclusiva y excluyente para el sector público. (arts. 25, 27 y 28 constitucionales)

F) En las áreas prioritarias (comunicación vía satélite y ferrocarriles) el sector público y privado pueden invertir en ellas, inclusive los extranjeros. Párrafo sexto del artículo 25 y cuarto del artículo 28 constitucionales.

G) Sólo el Congreso de la Unión puede legislar en las materias de comercio, extranjería e inversión extranjera, tal como lo prescribe el artículo 73 en sus fracciones X, XVI y XIX F de la Constitución.

En lo que respecta a la regulación específica, la Ley de Inversión Extranjera, en el artículo 5º enumera las áreas estratégicas antes citadas en las cuales únicamente el Estado puede desarrollar.

El artículo 6° se refiere a las actividades económicas reservadas a mexicanos o a sociedades mexicanas con cláusula de exclusión de extranjeros que hoy en día son las relativas a las instituciones de Banca de Desarrollo y a la prestación de servicios profesionales y técnicos.

Por su parte el artículo 7° de la citada ley regula los porcentajes máximos en que pueda participar la inversión extranjera en dichas actividades económicas.

> Artículo 7o. En las actividades económicas y sociedades que se mencionan a continuación la inversión extranjera podrá participar en los porcentajes siguientes:
> I.- Hasta el 10% en:
> Sociedades cooperativas de producción;
> II.- (Derogada);
> III.- Hasta el 49% en:
> a) a o) Derogados.
> p) Fabricación y comercialización de explosivos, armas de fuego, cartuchos, municiones y fuegos artificiales, sin incluir la adquisición y utilización de explosivos para actividades industriales y extractivas, ni la elaboración de mezclas explosivas para el consumo de dichas actividades;
> q) Impresión y publicación de periódicos para circulación exclusiva en territorio nacional;
> r) Acciones serie "T" de sociedades que tengan en propiedad tierras agrícolas, ganaderas y forestales;
> s) Pesca en agua dulce, costera y en la zona económica exclusiva, sin incluir acuacultura;
> t) Administración portuaria integral;
> u) Servicios portuarios de pilotaje a las embarcaciones para realizar operaciones de navegación interior en los términos de la Ley de la materia;
> v) Sociedades navieras dedicadas a la explotación comercial de embarcaciones para la navegación interior y de cabotaje, con excepción de cruceros turísticos y la explotación de dragas y artefactos navales para la construcción, conservación y operación portuaria;
> w) Suministro de combustibles y lubricantes para embarcaciones y aeronaves y equipo ferroviario;

> x) Radiodifusión. Dentro de este máximo de inversión extranjera se estará a la reciprocidad que exista en el país en el que se encuentre constituido el inversionista o el agente económico que controle en última instancia a éste, directa o indirectamente;
> y) Servicio de transporte aéreo nacional regular y no regular; servicio de transporte aéreo internacional no regular en la modalidad de taxi aéreo; y, servicio de transporte aéreo especializado.
> IV.- Derogada.
> Los límites para la participación de inversión extranjera señalados en este artículo, no podrán ser rebasados directamente, ni a través de fideicomisos, convenios, pactos sociales o estatutarios, esquemas de piramidación, o cualquier otro mecanismo que otorgue control o una participación mayor a la que se establece, salvo por lo dispuesto en el Título Quinto de esta Ley.

Existen actividades que la misma ley (artículo 8°) determina que la inversión extranjera pueda rebasar el porcentaje del 49% previa resolución favorable de la Comisión Nacional de Inversiones Extranjeras y son las siguientes:

> i. Servicios portuarios a las embarcaciones para realizar sus operaciones de navegación interior, tales como el remolque, amarre de cabo y lanchaje;
> ii. Sociedades navieras dedicadas a la explotación de embarcaciones exclusivamente en tráfico de altura;
> iii. Sociedades concesionarias o permisionarias de aeródromos de servicio al público;
> iv. Servicios privados de educación preescolar, primaria, secundaria, media superior, superior y combinados;
> v. Servicios legales;
> vi. Construcción, operación y explotación de vías férreas que sean vía general de comunicación, y prestación de servicio público de transporte ferroviario.

Igualmente el artículo 9° determina que tratándose de mega inversiones o sea cuando el valor total de los activos de una sociedad mexicana, donde la inversión extranjera pretenda participar en una proporción mayor al 49% de su capital social y rebase el monto que determina anualmente la Comisión Nacional de Inversiones Extranjeras, se requiere la resolución favorable de dicha Comisión.[7]

El artículo 32 fracciones I, II y III de la Ley de Inversión Extranjera impone las obligaciones de inscribirse en el Registro Nacional de Inversiones Extranjeras a las sociedades mexicanas en las que participe la inversión extranjera así como a las personas físicas o morales extranjeras que realicen habitualmente actos de comercio, a los fideicomisos inmobiliarios y de acciones en un plazo de 40 días hábiles contados a partir de la fecha de la constitución de la sociedad y de renovar anualmente su constancia de inscripción (art. 35)

Por su parte el artículo 34 de la citada ley impone a los fedatarios públicos la obligación de exigirles a dichas personas que les acrediten su inscripción en el citado registro o que se encuentre en trámite; de no hacerlo el fedatario debe informar de dicha omisión al Registro dentro de los 10 días hábiles siguientes a su autorización.

Las personas morales extranjeras son aquellas que no son nacionales, es decir, las que no se constituyeron conforme a las leyes mexicanas o no tienen su domicilio legal en territorio nacional. (arts. 8° a *contrario sensu* y 9° de la Ley de Nacionalidad)

Tienen personalidad jurídica de acuerdo con los artículos 25-VII y 2736 del Código Civil Federal y artículo 250 de la Ley General de Sociedades Mercantiles. Entre las principales limitaciones que tienen, destacan las siguientes:

A) Las sociedades extranjeras sólo podrán ejercer el comercio desde su inscripción en el Registro Público de Comercio,

---

7 El monto del valor de los activos a que hace referencia el artículo 9° de la Ley de Inversión Extranjera es de $26,978,252,017.64 publicado en el *Diario Oficial de la Federación* el 24 de junio de 2024.

pero dicha inscripción sólo se efectuará previa autorización de la Secretaría de Economía (artículo 251 de la Ley General de Sociedades Mercantiles). También las personas morales extranjeras de naturaleza privada que pretendan establecerse en la República requieren esta autorización previa (artículo 17 de la Ley de Inversión Extranjera). La mencionada autorización se otorga cuando se, cumplen los requisitos exigidos por el artículo 17-A de la misma ley, cuyo texto en su parte conducente dice:

> [...] La autorización a que se refiere el artículo anterior; se otorgará cuando se cumplan los siguientes requisitos:
> a) Que dichas personas comprueben que están constituidas de acuerdo con las leyes de su país;
> b) Que el contrato social y demás documentos, constitutivos de dichas personas no sean contrarios a los preceptos de orden público establecidos en las leyes mexicanas, y
> c) [...] que se establezcan en la República o tengan en ella alguna agencia o sucursal; [...]
> Toda solicitud que cumpla con los requisitos mencionados, deberá otorgarse dentro de los quince días hábiles siguientes a la fecha de su presentación. Concluido dicho plazo sin que se emita resolución, se entenderá aprobada [...]

En el supuesto de que una persona moral extranjera realice habitualmente actos de comercio en la República, sin haber obtenido previamente la autorización de la Secretaría de Economía, se le impondrá una multa de quinientos a mil unidades de medida y actualización según el artículo 38-II de la Ley de Inversión Extranjera.

B) Las sociedades extranjeras tienen la obligación de inscribirse en el Registro Nacional de Inversiones Extranjeras de conformidad con el artículo 32 de la Ley de Inversión Extranjera.

C) Sólo pueden invertir en las áreas o actividades que no estén reservadas exclusivamente al Estado, a los mexicanos, o a las sociedades mexicanas y hasta los porcentajes que determine la Ley de Inversión Extranjera, en sus artículos 7º, 8º y 9º.

D) No pueden adquirir la propiedad de inmuebles en la zona restringida, sólo derechos del fideicomisarios. (arts. 27-I constitucional y 11-II, y 38-V de la Ley de Inversión Extranjera).

E) Para adquirir la propiedad de inmuebles ubicados fuera de la zona restringida y obtener concesiones para la explotación de minas y aguas, deben presentar el convenio a que se refiere el artículo 27-I constitucional (Cláusula Calvo) y obtener el permiso de la Secretaría de Relaciones Exteriores. (art. 10-A de la Ley de Inversión Extranjera)

F) No pueden adquirir en propiedad tierras agrícolas, ganaderas o forestales, ya que de acuerdo con el artículo 130 de la Ley Agraria los extranjeros no pueden tener una participación que exceda del 49% de las acciones o partes sociales de la serie T. (arts. 27-IV constitucional y 7-III r) de la Ley de Inversión Extranjera.

En estos dos supuestos de la inversión extranjera por la participación en sociedades mexicanas, como de las sociedades extranjeras, el notario interviene en la protocolización de los acuerdos tomados en la sociedad mexicana como en la protocolización de los estatutos de la sociedad extranjera para efectos de su inscripción en el Registro Público de Comercio.

5. Electoral

Los derechos políticos son, entre otros, el poder votar y ser votado como son ELIMINAR reconocidos en el artículo 35 constitucional y se pueden ejercitar, porque formalmente en México existe una democracia en la que se eligen a sus representantes mediante el voto popular (arts. 41, 51, 56 y 81 constitucionales)

Existe un Organismo Constitucional Autónomo que es el Instituto Nacional Electoral (INE) (artículo 41-III apartado A constitucional) el encargado de organizar las elecciones. Dentro de este proceso electoral el notario participa tal como lo establecen los siguientes cuerpos normativos:

Ley General de Instituciones y Procedimientos Electorales:

> Artículo 51.- 1. Son atribuciones del Secretario Ejecutivo: [...] c) Solicitar la colaboración de los notarios públicos para el auxilio de la función electoral durante el desarrollo de la jornada electoral en los procesos locales o federales [...]
>
> Artículo 98 [...] b) Solicitar la colaboración de los notarios públicos para el auxilio de la función electoral durante el desarrollo de la jornada electoral en los procesos locales [...]
>
> Artículo 274 [...] f) Cuando por razones de distancia o de dificultad de las comunicaciones, no sea posible la intervención oportuna del personal del Instituto designado, a las 10:00 horas, los representantes de los partidos políticos y de candidatos Independientes [...] designarán, por mayoría, a los funcionarios necesarios para integrar las casillas de entre los electores presentes [...] 2. En el supuesto previsto en el inciso f) del párrafo anterior, se requerirá: a) La presencia de un juez o notario público, quien tiene la obligación de acudir y dar fe de los hechos [...]
>
> Artículo 280 [...] 3. Tendrán derecho de acceso a las casillas: [...] c) Los notarios públicos [...]
>
> Artículo 302.- 1. Los notarios públicos en ejercicio mantendrán abiertas sus oficinas el día de la elección y deberán atender las solicitudes que les hagan las autoridades electorales, los funcionarios de casilla, los ciudadanos y los representantes de partidos políticos y de Candidatos Independientes, para dar fe de hechos o certificar documentos concernientes a la elección [...][8]

---

8 En el mismo sentido los artículos 86, 427, 430, 450 del Código de Instituciones y Procedimientos Electorales de la Ciudad de México.

Por su parte, el artículo 20 de la Ley del Notariado para la Ciudad de México prescribe la obligación de los notarios de prestar sus servicios en los casos y los términos que establezcan los ordenamientos electorales.

Cabe mencionar igualmente el texto del artículo 451 del Código de Instituciones y Procedimientos Electorales de la Ciudad de México que en su parte conducente señala:

> La recepción, depósito, y custodia de los paquetes en que se contengan los expedientes de casilla, por parte de los Consejos Distritales, se hará conforme al procedimiento siguiente: [...] IV. Una vez concluido el cómputo total de los paquetes electorales, la o el Consejero Presidente del consejo distrital, bajo su responsabilidad, los salvaguardará y al efecto dispondrá que sean selladas las puertas de acceso del lugar en que fueron depositados, en presencia de los representantes de los partidos, así como de un Notario Público [...].

La participación de los notarios en los procesos electorales federales y locales refleja la confianza que tienen tanto las autoridades como los partidos políticos y, en general, la sociedad, de su imparcialidad y profesionalismo.

Es digno de mencionarse que esa fe que tiene la sociedad en los notarios, no es fruto de la causalidad, sino de un trabajo constante, responsable y ético.

6. En la constitución de asociaciones religiosas y en sus adquisiciones de inmuebles

En la Constitución Política de 1917 y hasta 1992 se negó la personalidad jurídica a las iglesias y como tal no existían en el mundo jurídico, no podían adquirir ni enajenar ningún tipo de inmueble.[9]

---

[9] Artículo 27 constitucional: "[...] Las asociaciones religiosas denominadas iglesias [...] no podrán en ningún caso tener capacidad para adquirir, poseer o administrar

Es con las reformas a los artículos 3º, 5º, 24, 27 y 130 constitucionales (28 de enero de 1992) y con la publicación de la Ley de Asociaciones Religiosas y Culto Público (15 de julio de 1992) en los que se les reconoce personalidad jurídica.

> Artículo 27 [...] II Las asociaciones religiosas que se constituyan en los términos del artículo 130 y su ley reglamentaria tendrán capacidad para adquirir, poseer o administrar exclusivamente los bienes que sean indispensables para su objeto, con los requisitos y limitaciones que establezca la ley reglamentaria [...].

> Artículo 130 [...] a) las iglesias y las agrupaciones religiosas tendrán personalidad jurídica como asociaciones religiosas una vez que obtengan su correspondiente registro. La ley regulará dichas asociaciones y determinará las condiciones y requisitos para el registro constitutivo de las mismas [...].

Las asociaciones religiosas son las iglesias y agrupaciones religiosas que obtienen su registro constitutivo ante la Secretaría de Gobernación y gozan de personalidad jurídica de conformidad con los artículos 130-a Constitucional y 6° de la Ley de Asociaciones Religiosas y Culto Público.

Los requisitos que deben cumplir para obtener su registro constitutivo se encuentran establecidos en los artículos del 6º al 9º de la Ley de Asociaciones Religiosas y Culto Público.

Las dos limitaciones que tienen para adquirir inmuebles son las siguientes:

A) Solo pueden adquirir los inmuebles indispensables para su objeto a juicio de la Secretaría de Gobernación. Art. 130 a, 27-II Const. 17 y 18 de la Ley de Asociaciones Re-

---

bienes raíces, ni capitales impuestos sobre ellos; los que tuvieren actualmente, por sí o por interpósita persona, entrarán al dominio de la nación [...]".
Artículo 130 "[...] La ley no reconoce personalidad alguna a las agrupaciones religiosas denominadas iglesias [...]".

ligiosas y Culto Público y artículo 24 del reglamento de esta ley.[10]

La Secretaría de Gobernación emite una declaratoria de procedencia para que cualquier asociación religiosa pueda adquirir un inmueble

El numeral 24 del reglamento de la citada ley prescribe que se debe precisar superficie y colindancias, al igual que uso actual del inmueble que se pretende adquirir.

B) Son incapaces para heredar por testamento de las personas a quienes sus ministros hayan dirigido o auxiliado es-

---

[10] "Artículo 17.- La Secretaría de Gobernación resolverá sobre el carácter indispensable de los bienes inmuebles que pretendan adquirir por cualquier título las asociaciones religiosas. Para tal efecto emitirá declaratoria de procedencia en los casos siguientes:- I. Cuando se trate de cualquier bien inmueble;- II. En cualquier caso de sucesión, para que una asociación religiosa pueda ser heredera o legataria;- III. Cuando se pretenda que una asociación religiosa tenga el carácter de fideicomisaria, salvo que la propia asociación sea la única fideicomitente; y,- IV. Cuando se trate de bienes raíces respecto de los cuales sean propietarias o fideicomisarias, instituciones de asistencia privada, instituciones de salud o educativas, en cuya constitución, administración o funcionamiento, intervengan asociaciones religiosas por sí o asociadas con otras personas.- Las solicitudes de declaratorias de procedencia deberán ser respondidas por la autoridad en un término no mayor de cuarenta y cinco días; de no hacerlo se entenderán aprobadas.- Para el caso previsto en el párrafo anterior, la mencionada Secretaría deberá, a solicitud de los interesados, expedir certificación de que ha transcurrido el término referido en el mismo.- Las asociaciones religiosas deberán registrar ante la Secretaría de Gobernación todos los bienes inmuebles, sin perjuicio de cumplir con las demás obligaciones en la materia, contenidas en otras leyes".

"Artículo 18.- Las autoridades y los funcionarios dotados de fe pública que intervengan en actos jurídicos por virtud de los cuales una asociación religiosa pretenda adquirir la propiedad de un bien inmueble, deberán exigir a dicha asociación el documento en el que conste la declaratoria de procedencia emitida por la Secretaría de Gobernación, o en su caso, la certificación a que se refiere el artículo anterior".

piritualmente. Art. 130-e constitucional cuyo tenor es el siguiente: "[...] Los ministros de culto, sus ascendientes, descendientes, hermanos, cónyuges, así como las asociaciones religiosas a las que aquellos pertenezcan, serán incapaces para heredar por testamento, de las personas a quienes los propios ministros hayan dirigido o auxiliado espiritualmente y no tengan parentesco dentro del cuarto grado [...]".

El problema es determinar ¿quiénes son los ministros de culto? De acuerdo a la Ley de Asociaciones Religiosas y Culto Público son aquellas personas a quienes las asociaciones religiosas les confieren ese carácter o quienes ejercen en ellas como principal ocupación funciones y dirección, representación u organización. Art. 12 de la Ley y 17 y 18 del reglamento.

Es importante recalcar que los extranjeros no pueden ser representantes de asociaciones religiosas (Art. 11 de la Ley de Asociaciones Religiosas y Culto Público) y únicamente pueden ejercer el carácter de ministros de culto, aquellos que acrediten su legal estancia en el país.

Todos los templos, conventos y seminarios y en general todos los inmuebles destinados al culto público o a su enseñanza utilizados con anterioridad (al 29 de enero de 1992) son bienes nacionales atribuidos a la Federación y quedan sujetos al régimen de dominio público de la Federación y en consecuencia son inalienables, imprescriptibles e inembargables (art. 17 transitorio constitucional, arts. 1° y 4° de la Ley de Nacionalización de Bienes de 1940 y arts. 6-V, 13 y 78 de la Ley General de Bienes Nacionales).

Igualmente se consideran bienes nacionales aquellos bienes nacionalizados, respecto de los cuales, a la fecha de entrada en vigor de la Ley General de Bienes Nacionales (21 de mayo de 2004) aún no se hubiere expedido la resolución judicial o la declaración administrativa correspondiente (art. 4° transitorio de la Ley General de Bienes Nacionales).

En tanto, los inmuebles adquiridos por las asociaciones religiosas en los términos del art. 27-II Const. y 17 y 18 de la Ley de Asociaciones Religiosas y Culto Público (a partir del 16 de julio de 1992), ya son de su exclusiva propiedad.

En lo referente a la enajenación de los bienes propiedad de las Asociaciones Religiosas, éstas no tienen ningún tipo de restricción o limitación, únicamente deberán dar el aviso respectivo a la Dirección General de Asociaciones Religiosas en un plazo de 30 días hábiles contados a partir de la fecha en que hubieren enajenado. Art. 25 del reglamento de la Ley de Asociaciones Religiosas y Culto Público.

En caso de liquidación podrá transmitir sus bienes a otra asociación religiosa. Art. 16 párrafo tercero de la ley de Asociaciones Religiosas y Culto Público.

La intervención de los notarios en las asociaciones religiosas comienza con la protocolización de estatutos, reglamentos y el registro constitutivo de la asociación religiosa, incluyendo el nombramiento de sus representantes.

De la misma forma participan en todas las adquisiciones de inmuebles (previa declaratoria de procedencia emitida por la Secretaría de Gobernación) para destinarlos al culto público o para el cumplimiento de su objeto.

También formalizan las actas de asambleas, otorgamiento y revocación de poderes, actualización del padrón de asociados (ministros de culto), entre otros acuerdos.

Igualmente intervienen en las enajenaciones sea a título oneroso o gratuito que otorguen las asociaciones religiosas cumpliendo con todos los requisitos legales y fiscales correspondientes.

Es evidente que la intervención de los notarios en la vida de las asociaciones religiosas y de la adquisición de inmuebles para destinarlos a templos, capillas y en general al culto público permite hacer efectivos los derechos humanos a libertades de creencias, religión, culto y asociación con fines religiosos contemplados en los artículos 24 de la Constitución y 2° de la Ley de Asociaciones Religiosas y Culto Público.

7. Otorgamiento de créditos con garantías hipotecarias, fiduciarias y prendarías

Es una actividad económica y jurídica cotidiana los contratos de apertura de crédito, mismos que son definidos por el artículo 291 de la Ley de Títulos y Operaciones de Crédito en los siguientes términos:

> Artículo 291. En virtud de la apertura de crédito, el acreditante se obliga a poner una suma de dinero a disposición del acreditado, o a contratar por cuenta de éste una obligación para que el mismo haga uso del crédito concedido en la forma y en los términos y condiciones convenidos, quedando obligado el acreditado a restituir al acreditante las sumas de que disponga, o a cubrirlo oportunamente por el importe de la obligación que contrajo, en todo caso a pagarle los intereses, prestaciones, gastos y comisiones que se estipule.

Los contratos de apertura de crédito simple o en cuenta corriente pueden ser pactados con garantía personal o real (art. 298 Ley de Títulos y Operaciones de Crédito).

A la par de los contratos de apertura de crédito, existen igualmente los créditos de habilitación o avío y los refaccionarios.

Los primeros se otorgan para la adquisición de materias primas, el pago de salarios y para los gastos directos de la explotación, indispensables para los fines de la empresa y quedan garantizados con las materias y materiales adquiridos y con los frutos y productos que se obtengan; los refaccionarios son aquellos créditos que se destinan a la adquisición de maquinarias, útiles de labranzas, ganado entre otros objetivos, mismos que quedan garantizados con las construcciones realizadas, con las maquinarias adquiridas y con los frutos obtenidos o pendientes de la empresa. (arts. 321, 322 y 323 de la Ley de Títulos y Operaciones de Crédito)

Estos tipos de créditos son importantes para el crecimiento y la consolidación de las empresas y en su formalización y en la constitución de las garantías hipotecarias, prendarias, fiduciarias y personales donde participa el notario, generando confianza y seguridad a las partes contratantes. (art. 334 y siguientes, 396, 397, 403 y 404 de la Ley de Títulos y Operaciones de Crédito)

A la par de esos créditos otorgados a las empresas, los hay también para la adquisición o remodelación de viviendas. Millones de personas han podido adquirir la propiedad de una casa a través del financiamiento otorgado por instituciones de crédito, Infonavit, FOVISSSTE, entre otras.

El otorgamiento de estos créditos con garantía hipotecaria han facilitado que se efectúen muchísimas transacciones inmobiliarias, lo que ha coadyuvado a que las personas sean dueñas de sus casas y se haga efectivo de alguna forma el derecho humano a una vivienda digna (art. 4º constitucional)- Ese dinamismo económico genera millones de pesos a la Federación, entidades federativas y municipios, por las contribuciones percibidas como son el ISR, el Impuesto por Adquisición de Bienes Inmuebles, los derechos de inscripción en el Registro Público de la Propiedad.

La intervención del notario en estos actos jurídicos permite que tanto los adquirentes como los acreedores tengan una gran seguridad jurídica; los primeros al tener en su poder la escritura que acredita su propiedad y los segundos la tranquilidad de que cuentan con una sólida garantía de que el crédito otorgado le sea pagado, y en caso de incumplimiento se pueda rematar el inmueble y así recuperar el dinero invertido, sus intereses y gastos ocasionados.

La confianza de las partes contratantes en el notario es una prueba fehaciente de su importancia económica y jurídica.

Del mismo modo, al cubrirse el crédito, se realiza la escritura de cancelación de hipoteca. (arts. 3030, 3031, 3033-VII del Código Civil para el Distrito Federal hoy Ciudad de México)

8. Prevención de operaciones con recursos de procedencia ilícita

Otra función importante que realizan los notarios consiste en la prevención del lavado de dinero.

A partir de la publicación de la Ley Federal para la Prevención e Identificación de Operaciones con Recursos de Procedencia Ilícita (17 de octubre de 2012),[11] con su Reglamento publicado en el *Diario Oficial de la Federación* el 16 de agosto de 2013 y con la expedición de las Reglas de Carácter General publicadas en el *Diario Oficial de la Federación* el 23 de agosto de 2013, se prescribieron varias obligaciones que deben cumplir los notarios. Entre otras:

A) Dar aviso al Sistema de Administración Tributaria (SAT) en los supuestos siguientes:

   a) Cuando la transmisión o constitución de derechos reales sobre inmuebles (salvo las garantías que se constituyan a favor de instituciones, del sistema financiero u organismos públicos de vivienda) rebasen el umbral de 16,000 UMAS[12] o sea la suma de 1,810,240.00.

   b) En la constitución de personas morales, su modificación patrimonial derivada de aumento o disminución de capital, fusión, escisión o compraventa de acciones

---

11 La cual entro en vigor nueve meses después en los términos del artículo 1º transitorio.

12 A partir de febrero de 2025 la UMA equivale a $113.14.

y partes sociales, cuando rebase las 8025 veces el valor de las UMAS equivalente a $907,948.50.

c) En la constitución o modificación de fideicomisos traslativos de dominio o de garantía (con la salvedad anteriormente citada) por un valor igual o superior a 8025 UMAS o sea a la suma de 907,948.50.[13]

B) En el mismo sentido deben dar un aviso siempre y en su caso las alertas a la Unidad de Inteligencia Financiera (UIF) en los casos siguientes:

a) En el otorgamiento de poderes para actos de administración o de dominio otorgados con carácter irrevocable.

b) En la formalización de contratos de mutuo o créditos con o sin garantía, en los que el acreedor no forme parte del sistema financiero o no sea un organismo público de vivienda.[14]

C) Adicionalmente deben tener presente la prohibición de consignar en las escrituras el cumplimiento de obligaciones, o en general que se liquide o pague mediante el uso de monedas y billetes, en moneda nacional o en divisas y metales preciosos en los siguientes supuestos:[15]

a) En la constitución o transmisión de derechos reales sobre bienes inmuebles por un valor igual o superior al equivalente a 8025 el valor de las UMAS al día en que se realice el pago o se cumpla la obligación o sea la cantidad de $907,948.50.

---

[13] Artículo 17 fracción XII apartado A de la Ley Federal para la Prevención e Identificación de Operaciones con Recursos de Procedencia Ilícita.

[14] Esta obligación está consignada en el citado artículo 17 fracción XII apartado A de la referida ley.

[15] Artículo 32-I de la mencionada Ley de Prevención y 42 del Reglamento.

b) En la transmisión de dominio o constitución de derechos de cualquier naturaleza sobre títulos representativos de partes sociales o acciones de personas morales por un valor igual o superior a 3210 UMAS o sea la suma de $363, 179.40.[16]

Una obligación prescrita en el numeral 33 de la Ley de Prevención consiste en que el notario debe identificar la forma en que se liquide el precio o se pague la obligación; indicando el monto, fecha y forma de pago y moneda, o divisas con las que se haya efectuado el referido pago.[17]

Sin lugar a dudas esta función del notario es un freno a las actividades ilícitas de lavado de dinero, su labor preventiva es de suma importancia, así como avisos y alertas al SAT o a la UIF lo que permite a las autoridades tener una información precisa y oportuna de las transacciones inmobiliarias y corporativas, que se realizan todos los días en el país; es una herramienta fundamental para combatir y en su caso sancionar el lavado de dinero.

---

16 Artículo 32-VI de la citada ley.

17 Artículo 45 del Reglamento de la referida Ley de Prevención.

Capítulo II.

LA TRASCENDENCIA DE LA ACTIVIDAD NOTARIAL A UN NIVEL LOCAL

1. EN ASPECTOS INMOBILIARIOS

La trascendencia de la función notarial en las transacciones inmobiliarias no radica únicamente en proporcionar seguridad jurídica a los contratantes, ya que igualmente hace efectivos varios derechos humanos reconocidos en la Ley Suprema y consignados en tratados internacionales suscritos por México, entre ellos se pueden enunciar:

a) El derecho de propiedad privada contemplado en los artículos 1°, 14, 16 y 27 párrafo primero y fracciones I, II, III, IV y V constitucionales y 21 de la Convención Americana Sobre Derechos Humanos.

   Este derecho se traduce en la facultad que tiene toda persona de usar, disfrutar y disponer de sus bienes tanto de manera onerosa o gratuita en vida o para después de la muerte. Debido a ello las personas físicas o jurídicas pueden adquirir y enajenar los inmuebles de su propiedad.

   Igualmente pueden establecer modalidades como son, entre otros, el usufructo, uso, habitación, o constituir el patrimonio de familia.

b) La libre circulación de bienes contemplada en los artículos 27 y 28 constitucionales que prohíben los latifundios y monopolios.

c) La libertad económica señalada en el artículo 25 constitucional: "Artículo 25 [...] La ley alentará y protegerá la actividad económica que realicen los particulares [...] promoviendo la competitividad [...]".

d) El derecho a adquirir una vivienda digna (art. 4º constitucional).

Al formalizar una compraventa el comprador adquiere de manera segura un patrimonio tanto para él como para su familia. Para muchas personas el comprar un inmueble es un sueño hecho realidad, y detrás de esa adquisición hay años de trabajo, esfuerzo y ahorros. El recibir sus escrituras les da tranquilidad y seguridad.

Por su parte, el vendedor al recibir el pago puede destinarlo a sus necesidades o proyectos de vida.

Cualquier transmisión de propiedad formalizada ante notario genera una gran certidumbre para los contratantes. Es el medio idóneo para fomentar el dinamismo económico, la libre circulación de bienes, y el acceso al derecho humano a la propiedad.

Miles de transacciones inmobiliarias se realizan cada día en toda la República mexicana por la participación eficiente de los notarios.

Sólo la gente ingenua o temeraria se arriesga a comprar un inmueble sin acudir ante un notario público y es debido a esa imprudencia que existen infinidad de juicios civiles o dobles ventas.

La incertidumbre de no contar con una escritura que acredite la titularidad de la propiedad de un inmueble es una fuente de disputas y de desgaste económico y emocional por lo costoso y tardado de los juicios. Esta situación se puede prevenir y se soluciona con la intervención del notario, mediando entre las partes y formalizando los acuerdos en una escritura.

La regularización de la propiedad evita muchos conflictos sociales y familiares que implica en el fondo paz social, que es uno de los valores que debe promover el gobierno mexicano.

En el caso de las empresas, al tener escrituradas sus propiedades, les permite obtener créditos y financiamientos para su desarrollo y consolidación.

Queda claro que en el ámbito inmobiliario la función del notario es trascendente por la seguridad y el dinamismo económico que implica.

Adicionalmente para el Estado es una fuente de ingresos considerable por las contribuciones (impuestos federales y locales y derechos) que recibe a través de la recaudación que realizan los notarios y permite que disminuyan los gastos de los tribunales por la impartición de justicia, al disminuir los conflictos jurídicos.

En la actualidad existen sólo tres supuestos en los que los particulares no pueden enajenar sus inmuebles:

1) Los que se encuentran sujetos al patrimonio de familia, ya que dichos bienes son inalienables, inembargables y no están sujetos a ningún tipo de gravamen. Artículos 27-XVII Const. y 727 del Código Civil del Distrito Federal hoy Ciudad de México.

2) Cuando los bienes se encuentran asegurados por una medida cautelar dictada por un juez en un proceso de extinción de dominio. Durante la vigencia de esta medida los bienes no se pueden transmitir ni siquiera por herencia, legado o por cualquier otro acto jurídico. Art. 181 de la Ley Nacional de Extinción de Dominio.

3) En los supuestos en que un juez prohíbe la enajenación hasta que se resuelva el juicio o en su caso el amparo.

2. EN MATERIAS TESTAMENTARIAS Y SUCESORIAS

A) Testamentos[18]

En México existe –a diferencia de otros países americanos y europeos– la libertad absoluta para disponer de bienes después de la muerte, a las personas y en los términos y condiciones que estime más convenientes.

El Código Civil Federal define el testamento de la siguiente forma: "Artículo 1295. Testamento es un acto personalísimo, revocable y libre, por el cual una persona capaz dispone de sus bienes y derechos y declara y cumple deberes para después de su muerte".

De conformidad con los artículos 1305 y 1306 del Código Civil Federal, pueden testar todas las personas a quienes la ley no se los prohíbe y únicamente están incapacitados para testar los menores que no han cumplido 16 años y los que habitualmente o accidentalmente no disfrutan de su cabal juicio.

El testamento público abierto es el que se otorga ante notario (arts. 1511, 1512 y sig. del Código Civil Federal). En la Ciudad de México únicamente se encuentra regulado el testamento público abierto, ya que los otros tipos quedaron derogados 23 de julio de 2012. (art. 1511 Código Civil del Distrito Federal hoy Ciudad de México)

El derecho humano que reconoce la ley a las personas físicas de otorgar libremente sus últimas disposiciones y de disponer de todos sus bienes y derechos en favor de las personas que elijan por la razones que quieran, se hace efectivo gracias a la participación del notario, quien no solamente asesora al testador, sino también le explica a detalle los alcances jurídicos del

18 En el 2023 se otorgaron en la Ciudad de México 47 376 testamentos (información proporcionada por el Colegio de Notarios de la Ciudad de México, a través del Instituto de Investigaciones Jurídicas del Notariado).

contenido del testamento redactándolo de una manera clara y sencilla. Esa orientación ayuda al testador para que su voluntad no se encuentre viciada por errores o ignorancia.

Es evidente que a través del testamento se previenen conflictos familiares al establecerse claramente quiénes tienen derecho a heredar y en qué porcentaje, así como a indicar que a falta de algunos de los legatarios o herederos designados, en primer lugar pueda nombrar a otros, de tal forma que siempre existan personas con derecho a heredar y evitar así el que se tenga que abrir la sucesión legítima con los problemas que se puedan ocasionar.

De igual forma, es importante recalcar que el testador tiene el derecho de cambiar cuantas veces sea necesario su testamento.

El que las personas puedan expresar libremente y sin coacción alguna su última voluntad les genera una gran tranquilidad.

Miles de testamentos se realizan cada año en nuestro país, lo que permite ratificar que la función notarial en México es necesaria e indispensable.

B) Tramitaciones sucesorias testamentarias e intestamentarias

Las legislaciones locales facultan a tramitar ante notario las sucesiones testamentarias, lo cual agiliza su conclusión satisfactoriamente. En la Ciudad de México la Ley del Notariado lo regula de la siguiente forma:[19]

---

19 "Artículo 178. En los términos de esta Ley se consideran asuntos susceptibles de conformación por el Notario mediante el ejercicio de su fe pública: [...] III. Todos aquellos asuntos que en términos del Código de Procedimientos Civiles conozcan los jueces en vía de jurisdicción voluntaria en los cuales el Notario podrá intervenir en tanto no hubiere menores no emancipados o mayores incapacitados. En forma específica, ejemplificativa y no taxativa, en términos de este capítulo y de esta ley:- a) En las sucesiones en términos del párrafo anterior y de la sección segunda de este capítulo; [...]".

"Artículo 179. Sin perjuicio de lo dispuesto por el Código de Procedimientos Civiles, las sucesiones en las que no hubiere controversia alguna y cuyos herederos fueren mayores de edad, menores emancipados o personas jurídicas, podrán tramitarse ante Notario. El que se oponga al trámite de una sucesión, o crea tener derechos contra ella, los deducirá conforme lo previene el Código de Procedimientos Civiles. El Juez competente, de estimarlo procedente, lo comunicará al Notario para que, en su caso, a partir de esa comunicación se abstenga de proseguir con la tramitación. La apertura de testamento público cerrado, así como la declaración de ser formal un testamento especial, de los previstos por el Código Civil, se otorgará siempre judicialmente".
"Artículo 180. Si la sucesión fuere testamentaria, la tramitación Notarial podrá llevarse a cabo, independientemente de cual hubiere sido el último domicilio del autor de la sucesión o el lugar de su fallecimiento, siempre y cuando se actualicen las hipótesis previstas en el primer párrafo del Artículo anterior. En este caso, deberán obtenerse previamente los informes del Archivo y del archivo judicial, así como de la oficina respectiva del último domicilio del autor de la sucesión, en caso de que hubiere sido fuera de la Ciudad de México, a fin de acreditar que el testamento presentado al Notario por todos los herederos, es el último otorgado por el testador.- Los informes de la oficina respectiva del último domicilio del autor de la sucesión no serán necesarios cuando se obtenga el informe expedido por el Registro Nacional de Avisos de Testamentos.- Lo mismo se observará en caso de sucesiones intestamentarias en los términos del artículo siguiente".
"Artículo 182. Si hubiere testamento se exhibirá el testimonio correspondiente y la copia certificada del acta de defunción del autor de la sucesión; el heredero o herederos instituidos y el albacea designado, si lo hubiere, podrán manifestar expresamente y, de común acuerdo ante el Notario de su elección:- I. Su conformidad, de llevar la tramitación ante el citado Notario;- II. Que reconocen la validez del testamento;- III. Que aceptan la herencia;- IV. Que reconocen por sí y entre si sus derechos hereditarios que les sean atribuidos por el testamento; y V. Su intención de proceder por común acuerdo".
"Artículo 183. El Notario podrá hacer constar también la aceptación o renuncia del cargo de albacea instituido por el autor del testamento, así como las designaciones de albacea que en su caso hagan todos los herederos de común acuerdo, y la aceptación del cargo. También los acuerdos de los herederos para la constitución en su caso de la caución o el relevo de esa obligación. Una vez aceptado el cargo, el albacea procederá a la formación de inventario y avalúo en términos de Ley".

Si el de *cujus* otorgó un testamento el notario puede llevar a cabo la escritura que contenga el reconocimiento de la validez del mismo, la aceptación de los legados, de la herencia y del cargo de albacea (previa la obtención del informe en los archivos locales y del Registro Nacional de Testamentos en el sentido de que el testamento exhibido es el último realizado por el autor de la sucesión).

El que se faculte al notario a intervenir implica un ahorro considerable de tiempo y de dinero a los herederos, ya que no necesitan contratar un abogado para que inicie la sucesión ante el juez de lo Familiar, evitándose así el costo de los honorarios y obteniendo de manera más rápida el reconocimiento de sus derechos hereditarios.

Asimismo, aligerará el trabajo excesivo de los jueces, quienes podrán destinar su tiempo y sus conocimientos para resolver asuntos contenciosos y controvertidos.

Los herederos lo que requieren es rapidez y economía en los trámites para que puedan adjudicarse los bienes y, en su caso, venderlos; así como recuperar o cobrar el dinero depositando por el autor de la sucesión en instituciones de crédito, casas de bolsa, etcétera.

De una manera indirecta se logra hacer efectivo el derecho humano a la justicia pronta y expedita contemplada en el artículo 17 constitucional.

En el caso de la Ciudad de México igualmente la Ley del Notariado faculta a los notarios a tramitar la sucesión intestamentaria[20] lo que conlleva las mismas ventajas antes mencionadas.

---

20 "Artículo 181. La sucesión intestamentaria podrá tramitarse ante Notario si el último domicilio del autor de la sucesión fue la Ciudad de México, o si se encuentran ubicados en la entidad uno o la mayor parte de los bienes, lo cual declararán los interesados bajo su responsabilidad, una vez que se

Es realmente sorprendente el número de trámites sucesorios, sean testamentarios o intestamentarios, que se formalizan ante notario.[21]

3. CONSTITUCIÓN DE INSTITUCIONES DE ASISTENCIA PÚBLICA, ASOCIACIONES Y SOCIEDADES CIVILES

A) Instituciones de Asistencia Privada

---

hubieren obtenido del Archivo Judicial y del Archivo, constancias de no tener depositado testamento o informe de que se haya otorgado alguno, y previa acreditación de los herederos de su entroncamiento con el autor de la sucesión mediante las partidas del Registro Civil correspondiente. Podrán tramitar esta sucesión, el o la cónyuge, los ascendientes, descendientes y colaterales hasta el cuarto grado; fuera de estos casos, la sucesión deberá tramitarse por la vía judicial".

"Artículo 186. Si no hubiere testamento, los herederos, en el orden de derechos previsto por el Código Civil, comparecerán todos ante Notario en compañía de dos testigos idóneos; exhibirán al Notario copias certificadas del acta de defunción del autor de la sucesión y las que acrediten su entroncamiento; declararán bajo protesta de decir verdad sobre el último domicilio del finado, y que no conocen de la existencia de persona alguna diversa de ellos con derecho a heredar en el mismo grado o en uno preferente al de ellos mismos...".

"Artículo 187. El Notario está obligado a dar a conocer las declaraciones de los herederos a que se refieren los artículos anteriores, mediante dos publicaciones que se harán en un periódico de circulación nacional, de diez en diez días, con la mención del número de la publicación que corresponda. Se considerarán de circulación nacional los periódicos que tengan ese carácter, no obstante la publicación se realice en la sección correspondiente a la Ciudad de México, siempre que dicho periódico cuente con una versión electrónica...".

21 Durante 2023 fueron tramitaron por notarios de la Ciudad de México 2 296 sucesiones intestamentarias y 4 170 testamentarias (información proporcionada por el Colegio de Notarios de la Ciudad de México, a través del Instituto de Investigaciones Jurídicas del Notariado).

La ley de Instituciones de Asistencia Privada para el Distrito Federal en su artículo 1° define a las instituciones de Asistencia Privada como: "entidades con personalidad jurídica y patrimonio propio, sin propósito de lucro que, con bienes de propiedad particular ejecutan actos de asistencia social sin designar individualmente a los beneficiarios. Las Instituciones de Asistencia Privada serán fundaciones o asociaciones".

La regulación de las instituciones de Asistencia Privada es materia local, en consecuencia cada entidad federativa lo hace de manera independiente.

Las instituciones de Asistencia Privada tienen personalidad jurídica desde el momento en que la Junta de Asistencia Privada autoriza los estatutos, tal como lo prescribe el artículo 9° de la ley citada:

> [...] Una vez autorizada la constitución de la institución, la junta expedirá una copia certificada de los estatutos aprobados para que él o los solicitantes, acudan ante Notario Público a fin de qué proceda a la protocolización e inscripción de la escritura correspondiente en el Registro Público de la Propiedad del Distrito Federal... (art. 3071-III del Código Civil para el Distrito Federal).

Igualmente intervienen los notarios en el otorgamiento de poderes de los patronatos de la institución.

> Artículo 40 [...] Los patronatos podrán otorgar poderes generales para pleitos y cobranzas y actos de administración conforme al artículo 2554 del Código Civil.
> Para la ejecución de actos de dominio, los poderes que se otorguen por parte del patronato serán siempre especiales.

La fracción III del artículo 27 constitucional prescribe que las instituciones de beneficencia pública o privada no podrán adquirir más bienes raíces que los indispensables para su objeto, inmediata o directamente destinados a él.

Por su parte, el numeral 61 de la Ley de Instituciones de Asistencia Privada del Distrito Federal establece que la Junta vigilará que las instituciones mantengan únicamente los bienes que se destinen a su objeto y que la enajenación de los excedentes no genere una disminución en su patrimonio.

El artículo 63 de la referida ley contempla la posibilidad que las instituciones otorguen préstamos de dinero, mismos que deben estar garantizados con hipoteca o fideicomiso de garantía.

En los supuestos de adquisición y enajenación de inmuebles y en la constitución de garantías hipotecarias o fiduciarias la participación de los notarios es indispensable.

El artículo 99 de la misma establece las obligaciones que tienen los notarios en relación a las instituciones de Asistencia Privada.[22]

---

22 "Artículo 99.- Con relación a las instituciones de asistencia privada, los notarios tendrán las siguientes obligaciones:- I. Abstenerse de protocolizar los actos jurídicos en que intervengan las instituciones de asistencia privada sin la autorización escrita de la Junta; de conformidad con las disposiciones de esta Ley salvo los poderes generales y especiales que otorguen los patronatos, los cuales no requerirán de autorización;- II. Remitir a la Junta, dentro de los ocho días siguientes a la fecha de su otorgamiento, una copia certificada de las escrituras que se otorgan en su protocolo en las que intervenga alguna institución de asistencia privada;- III. Gestionar, dentro de los ocho días siguientes a su otorgamiento, el registro de las escrituras que se otorguen ante ellos y que conforme a esta u otras leyes, deban inscribirse en el Registro Público de la Propiedad del Distrito Federal, debiendo remitir copia certificada de los datos de inscripción;- IV. Dar aviso a la Junta de la existencia de algún testamento público abierto que contenga disposiciones para constituir una institución de asistencia privada y remitirle copia simple del mismo dentro del término de ocho días contados a partir de la fecha en que lo hayan autorizado, y- V. Dar aviso a la Junta cuando se revoque un testamento de los que refiere la fracción anterior, dentro del término de ocho días contados a partir de la fecha en que lo hayan autorizado.- Los fedatarios públicos no autorizarán ningún documento público donde se proceda a la liquidación

De manera sintética se puede concluir que el notario interviene desde su nacimiento hasta su extinción; incluyendo las reformas de sus estatutos, otorgamiento y revocación de poderes, adquisición y enajenación de inmuebles, en la constitución de garantías hipotecarias y fiduciarios entre otros.

B) Asociaciones y Sociedades Civiles

El artículo 2670 del Código Civil del Distrito Federal define a la asociación civil en los siguientes términos: "Artículo 2670. Cuando varios individuos convienen en reunirse, de manera que no sea enteramente transitoria, para realizar un fin común que no esté prohibido por la ley y que no tenga carácter preponderantemente económico, constituyen una asociación".

A su vez el artículo 2673 prescribe que los estatutos deben inscribirse en el Registro Público para que produzcan efectos contra terceros y para ello se deben protocolizar ante notario público. (arts. 3005-I, 3071-I, 3073)

Por su parte, el artículo 2688 del citado Código Civil caracteriza a la sociedad civil de la siguiente forma: "Por el contrato de sociedad los socios se obligan mutuamente a combinar sus recursos o sus esfuerzos para la realización de un fin común de carácter preponderantemente económico, pero que no constituya una especulación comercial".

En iguales términos, la constitución de una sociedad civil se debe formalizar ante notario para que surta efectos contra terceros, tal como se fundamentó con anterioridad.

En estos dos tipos de personas morales el notario participa desde el momento de su creación hasta su liquidación.

---

de Instituciones de Asistencia Privada cuando el procedimiento no se ajuste a lo dispuesto en la presente Ley. Igual obligación tendrán los Directores de Registros Públicos".

4. OTORGAMIENTO, REVOCACIÓN Y RENUNCIA DE PODERES

De conformidad con el artículo 2546 del Código Civil para el Distrito Federal el contrato de mandato se define de la siguiente forma: "Artículo 2546. El mandato es un contrato por el que el mandatario se obliga a ejecutar por cuenta del mandante los actos jurídicos que éste le encarga".

El artículo 2255 prescribe que debe otorgarse en escritura pública cuando sea general, cuando el interés del negocio para el que se confiere sea superior al equivalente a mil UMAS vigentes al momento de su otorgamiento[23] y cuando el mandatario deba ejecutar algún acto que conforme a la ley debe constar en instrumento público. Al igual que los mandatos judiciales (art. 2586 del Código Civil para el Distrito Federal).

El mandato termina entre otras causas por la revocación, por la renuncia del mandatario, por el vencimiento del plazo, así como por la muerte del mandante o del mandatario. (arts. 2595 y siguientes del Código Civil para el Distrito Federal)

La figura del notario en el otorgamiento de mandatos, poderes, revocaciones o renuncias es indispensable para su eficacia jurídica.

Todos los días se otorgan poderes por parte de personas físicas o morales ante notario lo que facilitan el tráfico inmobiliario, comercial[24] e infinidad de hechos y actos jurídicos. La

---

[23] Artículo 2-III de la Ley para Determinar el Valor de la Unidad de Moneda y Actualización. Actualmente el valor diario de las UMAS es de $113.14 en consecuencia mil UMAS son $113,140.

[24] Artículo 10 de la Ley General de Sociedades Mercantiles establece: "[...] Para que surtan efecto los poderes que otorgue la sociedad mediante acuerdo de la asamblea o del órgano colegiado de administración, en su caso, bastará con la protocolización ante notario de la parte del acta en que conste el acuerdo relativo a su otorgamiento, debidamente firmado por quienes actuarán como

relevancia del notario en su otorgamiento facilita la vida cotidiana de las personas.

5. VOLUNTAD ANTICIPADA

La voluntad anticipada es el derecho que tiene toda persona de decidir libremente si acepta o no tratamientos y procedimientos médicos en los supuestos de que se le haya diagnosticado una enfermedad en etapa avanzada o terminal.

De acuerdo con el artículo 1° de la Ley de Voluntad Anticipada para Distrito Federal es:

> [...] el otorgamiento de la voluntad de una persona con capacidad de ejercicio, para que exprese su decisión de ser sometido o no a medios, tratamientos o procedimientos médicos que pretendan prolongar su vida cuando se encuentre en etapa terminal y, por razones médicas, sea imposible mantenerla de manera natural; protegiendo en todo momento la dignidad de la persona.

El documento se otorga ante notario y en el que consta la petición de una persona en pleno uso de sus facultades mentales y de manera libre de ser o no sometida a los tratamientos que propicien la obstinación terapéutica. (arts. 3-III y 7 Ley de Voluntad Anticipada para el Distrito Federal)

Se entiende por enfermo en etapa terminal al paciente que tiene un diagnóstico sustentado en datos objetivos de una enfermedad incurable progresiva y mortal y pronóstico de vida inferior a seis meses. (art. 3-IV Ley de la Voluntad Anticipada para el Distrito Federal)

---

presidente o secretario de la asamblea o del órgano de representación según corresponda, quienes deberán firmar el instrumento notarial, o en su defecto lo podrá firmar el delegado especialmente designado para ello en sustitución de los anteriores [...]".

En la escritura igualmente se hace constar el nombramiento de un representante para velar por el cumplimiento de la voluntad del enfermo en etapa terminal. (art. 7º de la Ley de Voluntad Anticipada para el Distrito Federal)

El documento de voluntad anticipada puede ser revocado en cualquier momento cumpliendo con las mismas formalidades que para su otorgamiento. (art. 21 de la Ley de la Voluntad Anticipada para el Distrito Federal)

La importancia de este documento radica en que una persona libre y conscientemente pueda decidir, así cómo designar a un representante para que actúe de acuerdo a sus indicaciones.

Esto igualmente evita conflictos entre los familiares del enfermo, ya que en algunos casos unos se inclinan por no perder las esperanzas y continuar con los tratamientos hasta sus últimas consecuencias; mientras otros prefieren dejarlo descansar tranquilamente y que se le proporcionen únicamente cuidados paliativos con el fin de disminuir el sufrimiento y facilitar su calidad de vida en la etapa terminal.

6. NOTIFICACIONES, REQUERIMIENTOS, DECLARACIONES, PROTOCOLIZACIÓN Y FE DE HECHOS

Además de los actos jurídicos que se hacen constar en escritura, existen hechos en los que el notario debe consignar en actas, entre ellos se pueden mencionar los siguientes:

a) Notificaciones, interpelaciones, requerimientos, entrega de documentos;

b) Ratificación de firmas;

c) Protocolización de documentos;

d) Declaraciones;

e) Hechos positivos o negativos, estados, situaciones que guarden las personas y cosas que puedan ser apreciados objetivamente. (arts. 128, 131 de la Ley del Notariado para la Ciudad de México)

Se presentan infinidad de casos en los que las personas necesitan de la fe pública de un notario y que no se refiere a actos jurídicos, sino a circunstancias, hechos o declaraciones que requieren estar documentados o certificados por un notario; como puede ser el dar fe de las condiciones de un inmueble, el que se le notifique a una persona la terminación de un contrato, o se le requiere el pago de una obligación, etcétera.

Igualmente que se protocolicen los acuerdos tomados en una asamblea de accionistas o del órgano de administración de una sociedad; o los estatutos de una asociación religiosa, o de una persona moral extranjera, o en su caso ratificar las firmas y el contenido de documentos de diversas índole, como pueden ser la autorización para que los menores hijos puedan salir del país, de contratos de comodato, arrendamiento, o de dependencia económica, entre otros.

Las declaraciones que emite el solicitante del servicio notarial en el sentido de qué se llama de una forma y se ha ostentado con otros nombres. Hay una gran variedad de hechos que pueden ser certificados por un notario y que ayudan a resolver los problemas cotidianos de las personas.

7. COTEJOS Y CERTIFICACIONES DE DOCUMENTOS

El notario está facultado para cotejar documentos originales o copias certificadas expedidas por un fedatario o por una autoridad legítimamente autorizada para expedirla.

La Ley del Notariado para la Ciudad de México expresamente prescribe que el archivo electrónico que contenga la imagen digitalizada del documento presentado para cotejo debe ser firmado por el notario con su firma electrónica notarial.

La certificación llevará la firma autógrafa del notario y su sello de autorizar, haciendo constar que las copias cotejadas son fiel reproducción del original que tuvo a la vista, así como el número y fecha del registro que le corresponda y la mención de que el cotejo fue firmado electrónicamente, incluyendo una representación impresa de la firma electrónica notarial. (art. 98 de la Ley del Notariado para la Ciudad de México)

A diferencia de los actos jurídicos y hechos, antes mencionados, que se transcriben en el protocolo ordinario, los cotejos se consignan en el Libro de Registro de Cotejos con una numeración diferente y que se compone de 200 folios y un Apéndice Electrónico de Cotejos.

Esta atribución a los notarios de poder cotejar y certificar las copias que coinciden con los originales o copias certificadas facilita a las personas que puedan utilizarlas para distintos trámites sin tener que exhibir el documento original, con el riesgo de que se les extravié o se lo roben.[25]

---

[25] En 2023 los notarios de la Ciudad de México certificaron 204 193 documentos, a través de 105 800 cotejos (datos proporcionados por el Colegio de Notarios de la Ciudad de México, a través del Instituto de Investigaciones Jurídicas del Notariado).

Capítulo III.

RESPONSABILIDAD SOCIAL DEL NOTARIADO

La responsabilidad social del notario se manifiesta de diferentes formas, entre otras, se pueden enunciar las siguientes:

a) En la elaboración de testamentos a bajo costo;

b) En las asesorías jurídicas gratuitas;

c) En la regularización de propiedad a menor costo;

d) Al coadyuvar para hacer efectivos varios derechos humanos;

e) En la creación y difusión de la cultura jurídica.

1. ELABORACIÓN DE TESTAMENTO A BAJO COSTO

Desde el 2003 el Notariado Mexicano y la Secretaría de Gobernación unieron esfuerzos para promover la elaboración de testamentos a menor costo.

De acuerdo a la Secretaría de Gobernación de enero a agosto el promedio máximo de testamento es de 15 mil y en el mes de septiembre llega hasta 70 mil.[26]

Este incremento se debe, sin lugar a dudas, a que los notarios cobran el 50% del precio normal. Este descuento en los costos de la elaboración de testamentos fomenta que las per-

---

26 https://www.gob.mx/segob/prensa/incrementa-tramite-de-testamentos-en-septiembre-y-octubre-durante-campana-nacional. Consultada el 16 de agosto de 2024.

sonas dispongan de sus bienes para después de la muerte de manera libre, y evitar así conflictos familiares que en muchas ocasiones implican terribles y desgastantes rupturas.

El que una persona puede decidir de manera consciente a quiénes quiere dejar su patrimonio y en qué porcentaje, simplifica los trámites posteriores a su fallecimiento, evitando así los onerosos gastos del juicio, incluyendo los honorarios de los abogados litigantes.

De esta forma el testador ahorra tiempo y dinero a sus herederos, ya que estos podrán acudir con el notario de su elección a reconocer la validez del testamento, aceptar los legados, la herencia conferida, y el cargo de albacea.

El notario se encarga de realizar todos los trámites previos, y posteriores, para poderse adjudicar los bienes de la herencia o en su defecto enajenarlos en los términos que estimen más convenientes.

En la Ciudad de México los notarios realizan testamentos a mucho menor costo del normal y en algunos supuestos de manera gratuita, ya que durante todo el año el gobierno de la Ciudad de México a través de la Dirección General de Regularización Territorial promueve el otorgamiento de los mismos, asignando un número de solicitudes de testamentos a cada uno de los notarios de la capital.[27]

En la 9ª Encuesta de Servicios Notariales en la Ciudad de México, realizada por la encuestadora Investigaciones Sociales Aplicadas (ISA), se señala: "para el año 2022 se registró un in-

27 En 2023 se otorgaron 39 268 testamentos básicos y 3 355 de adulto mayor, cuyo costo no excedió la suma de $2,000.00, además se formalizaron 1 394 testamentos gratuitos (información proporcionada por el Colegio de Notarios de la Ciudad de México, a través del Instituto de Investigaciones Jurídicas del Notariado).

cremento a 23% de la población que ha realizado su testamento en la capital, mientras que a nivel nacional, este porcentaje se encuentra alrededor del 8%".

Con la reducción de los costos se fomenta una mayor cultura del testamento, lo que contribuye a disminuir los juicios sucesorios y conflictos familiares derivados de los mismos.

2. ASESORÍAS JURÍDICAS GRATUITAS

Una de las actividades que realizan los notarios todos los días y que no cuentan con gran difusión son las asesorías que de manera gratuita se proporcionan en las notarías a los solicitantes de un servicio, ya sea en materia civil, fiscal, familiar, notarial, registral, mercantil, sucesorio y en general en cualquier tema jurídico, lo que les permite resolver todo tipo de dudas e inquietudes por profesionales del derecho, que les orientan acerca de las posibles soluciones a su problemática.

La confianza que ha permeado en la población en el notario ha contribuido a que muchas personas acudan cada vez en mayor cantidad a solicitar una consulta.

En la Ciudad de México el Colegio de Notarios desde hace varios años instrumentó en sus oficinas asesorías jurídicas gratuitas todos los martes, miércoles y jueves en un horario de 16:00 a 18:00 horas, para cualquier persona que lo solicite previamente. En estas asesorías únicamente participan notarios quienes desahogan todas las consultas personalmente.

Este acercamiento entre la sociedad y el notariado ha fomentado la credibilidad sobre la seriedad y compromiso social de los notarios.

De enero del 2023 al 18 de julio de 2024 se han proporcionado 5 086 consultas gratuitas lo que permite dimensionar el éxito y la importancia de las mismas.[28]

El compromiso social del notariado se ve reflejado en las asesorías jurídicas gratuitas.

3. LA REGULARIZACIÓN DE PROPIEDADES A UN MENOR COSTO

Una de las principales preocupaciones de la gente es no poder tener una escritura que acredite la propiedad de su casa, por carecer de los recursos económicos para sufragarla.

Erróneamente muchas personas consideran que el obtener su título de propiedad es muy gravoso, debido a los altos honorarios que cobran los notarios, porque desconocen que toda transmisión de propiedad sea de manera gratuita u onerosa, genera una serie de contribuciones entre otras: el impuesto de adquisición de inmuebles (traslado de dominio); los derechos de inscripción en el Registro Público de la Propiedad; la obtención de las constancias de no adeudo de predial y agua, el costo del avalúo, el certificado de zonificación de usos permitidos.

En realidad lo elevado son las tasas impositivas decretadas por los legisladores que en el caso de la Ciudad de México, el impuesto local llega hasta el 8.679% del monto de la operación.

Como los notarios son los obligados a realizar el cobro de los impuestos y derechos, se considera que ese dinero es única y exclusivamente para ellos.

---

[28] Información proporcionada por el Colegio de Notarios de la Ciudad de México, a través del Instituto de Investigaciones Jurídicas del Notariado.

Además, las crisis económicas, entre otros factores, han impedido que los ciudadanos regularicen sus propiedades.

Ante esta problemática en la Ciudad de México, desde el 2000, se instrumentaron las jornadas notariales, que se realizan en coordinación con el Colegio de Notarios de la Ciudad de México, el Congreso Capitalino y el Gobierno Local a través de la Dirección General de Regularización Territorial (DGRT) en el que se otorgan reducciones en impuestos, derechos y honorarios notariales en las transmisiones de propiedad de casa habitación cuyos valores catastrales no exceden en este año de $2,326,313.00 lo que ha facilitado que muchas personas cuenten con su escritura.

Adicionalmente existe otro programa de regularización de las adjudicaciones por herencia en cuyo caso no se exige que se trate de casa habitación, puede ser cualquier tipo de inmueble siempre y cuando no rebase un valor catastral de $2,736,839.00.

Estas reducciones tienen su fundamentación legal en el artículo 275 bis y ter del Código Fiscal de la Ciudad de México, y en los convenios celebrados con el Colegio de Notarios de la Ciudad de México.

Estos programas sociales han permitido elaborar 34 968 escrituras tan sólo en el 2023,[29] y acreditan fehacientemente que el elevado costo de una escritura es debido a los impuestos y derechos y no a los honorarios del notario, y ratifican el compromiso que tiene el notariado con la sociedad.

Para ratificar la importancia social y jurídica de la función notarial, se firmaron 556 638 escrituras en la Ciudad de México durante una parte del 2023.[30]

---

29 Datos proporcionados por el Colegio de Notarios de la Ciudad de México, a través del Instituto de Investigaciones Jurídicas del Notariado.

30 Datos proporcionados por el Colegio de Notarios de la Ciudad de México, a través del Instituto de Investigaciones Jurídicas del Notariado.

4. A COADYUVAR PARA HACER EFECTIVOS LOS DERECHOS HUMANOS[31]

Un aspecto fundamental en la actividad notarial de gran trascendencia en la sociedad es que fomenta y hace efectivos los derechos humanos.

Entre otros cabe destacar los siguientes:

a) La igualdad y no discriminación (arts. 1° y 4° constitucionales).[32]

El notario aplica el principio jurídico: "Tratar igual a los iguales y desigual a los diferentes".

De tal forma que se tratan de igual forma a todas las personas sean hombres o mujeres; jóvenes o adultos, nacionales o extranjeras; ricos, pobres y se les da un trato diferente a las personas con discapacidades motrices, auditivas, de comunicación o visuales en cuyos casos les otorga o facilita las herramientas para que puedan manifestar su voluntad de manera libre y consciente. Con el apoyo de las disposiciones normativas

---

31 Varios de estos derechos se desarrollaron en el capítulo II incisos 1,2 y 5.

32 Se pueden consultar al respecto: "Igualdad, desigualdad y discriminación del artículo 1° Constitucional al Derecho Civil", Hernández de Rubín, Claudio; "Derecho Notarial Constitucional en México", Montiel Baca, Miguel Ángel, ambos en *Centenario de la Constitución Mexicana de 1917. Ensayos del Notariado Mexicano,* Colegio Nacional de Notariado Mexicano, México, 2017; "El nuevo derecho de la capacidad jurídica de las personas con discapacidad en la función notarial", Gutiérrez Pérez, Ricardo en *Revista del Colegio de Notarios de la Ciudad de México,* núm. 2 Colegio de Notarios de la Ciudad de México y Tirant lo Blanch, México, 2021; "Reflexiones de los derechos de las personas con discapacidad frente a la función notarial", Orozco Garibay, Pascual Alberto, *Colección Breviarios del Colegio de Notarios de la Ciudad de México,* núm. 86, Colegio de Notarios de la Ciudad de México y Tirant lo Blanch, México, 2023.

(Código Civil, Ley de Notariado) se les otorga seguridad a los actos jurídicos que celebran.

Hoy en día existen criterios jurisprudenciales que sostienen el cambio de modelo de sustitución en la toma de decisiones que limitaba o nulificaba el derecho de tomar todo tipo de decisiones a las personas con discapacidad, en cuyo caso era un tercero el que decidía por ellos; por el modelo de apoyos que consiste en que la toma de decisiones es por las personas con discapacidad ellas deciden por ellas mismas con los apoyos y con la asistencia que sea necesaria en cada caso.

Estos parámetros han facilitado que las personas con discapacidad puedan otorgar todo tipo de negocios jurídicos, entre otros, testamentos, poderes, operaciones traslativas de dominio, trámites sucesorios, etcétera.

b) Derecho a una vivienda digna. Artículo 4° constitucional

Es igualmente importante resaltar el papel fundamental que realiza el notario para que las personas tengan acceso a una vivienda, a través de las formalizaciones de las transmisiones de propiedad, así como en su intervención de las campañas de regularización que realizan las entidades federativas.

Este derecho igualmente se hace efectivo mediante los otorgamientos de créditos para su adquisición, autorizados tanto por instituciones de crédito como por organismos como el Infonavit, FOVISSSTE, entre otros, que se documentan en escrituras que dan certeza jurídica a las partes.

c) Derecho a decidir sobre los tratamientos médicos y quirúrgicos. Artículo 4° constitucional

Las personas tienen derecho a manifestar libremente su voluntad de aceptar o no procedimientos y tratamientos médicos que pretendan prolongar la vida en los supuestos de enfermedades incurables en fase terminal, otorgando un instrumento público denominado voluntad anticipada, en el que consta dicha determinación y en el que designa una representante para velar por el cumplimiento de su voluntad.

d) Derecho de asociación. Artículo 9º constitucional

Es un derecho que gozan las personas de asociarse libremente, ya sea con una finalidad lucrativa, económica, social, cultural, deportiva, etcétera y el notario da vida jurídica a esas agrupaciones en las constituciones de sociedades mercantiles, civiles, asociaciones civiles entre otras, al consignar en las escrituras los estatutos sociales donde conste su creación (lo que les permite gozar de personalidad jurídica).[33]

e) Seguridad jurídica. Artículos 14 y 16 constitucionales

Este derecho fundamental es garantizado mediante las escrituras (que gozan de la presunción *juris tantum*)[34] al certificar la legalidad, autenticidad, existencia y validez de los contratos y convenios consignado en ellas, ya sea una compraventa, un testamento, constitución de una sociedad, un crédito o de cualquier acto jurídico.

Las partes tienen la certeza que los derechos consignados en las mismas son reales y pueden hacerlos efectivos ante cualquier autoridad y frente a todas las personas.

Esta seguridad jurídica que proporcionan los notarios ayuda a evitar conflictos familiares o sociales.

f) Derecho a la propiedad privada. Artículo 27 constitucional

Un derecho al que aspiran todos los individuos es el ser propietarios, ya sea de una casa, de un local comercial, de una parcela.

---

33 En 2023 se constituyeron en la Ciudad de México 17 553 sociedades (datos proporcionados por el Colegio de Notarios de la Ciudad de México, a través del Instituto de Investigaciones Jurídicas del Notariado).

34 Artículo 167 de la Ley del Notariado para la Ciudad de México.

Es un derecho humano consignado en los artículos 1°, 14, 16 y 27 constitucionales que garantiza que las personas puedan acceder a la propiedad libremente y que ese derecho únicamente puede ser limitado o restringido por disposiciones normativas o por orden judicial, y en caso de ser expropiada el Estado debe cubrir la indemnización respectiva.

Las escrituras son los documentos idóneos para justificar la propiedad de un inmueble que garantiza a su titular disponer libremente del mismo, así como tener acceso a un crédito.

La propiedad como derecho garantizado con un instrumento notarial da certeza a las transacciones inmobiliarias y crediticias y a la libre circulación de bienes.

La facultad de usar, disfrutar y disponer de un bien de manera exclusiva es el derecho humano a la propiedad, el que conlleva igualmente el derecho de heredarlo.[35]

g) Libertad para otorgar un testamento y disponer de sus bienes para después de la muerte.[36] Artículos 1° y 27 constitucionales

Esa facultad que tiene toda persona capaz de disponer libremente de sus bienes y derechos para después de la muerte, se materializa a través del testamento otorgado ante un notario, quien orienta y asesora para que su voluntad se exprese jurídicamente.

Con el testamento se evitan conflictos de toda índole y proporciona tranquilidad al testador.

h) Acceso a la justicia pronta y expedita. Artículo 17 constitucional

---

35 Artículos 1284, 1285, 1313 y 1334 del Código Civil Federal.

36 Artículos 1281, 1282, 1283, 1284, 1285 y demás relativos, así como los numerales 1295 y 1305 del Código Civil Federal.

Una forma de acceder a la justicia pronta y expedita es a través de los notarios como auxiliares de la administración de justicia[37] en todos los trámites de jurisdicción voluntaria, y los contemplados en el artículo 178 de la Ley del Notariado para la Ciudad de México, entre los que cabe destacar las sucesiones testamentarias e intestamentarias que le otorgan competencia para llevarlos a cabo de una manera más ágil y económica para los interesados y permitiendo además disminuir la carga laboral de las autoridades jurisdiccionales.

El resolver una sucesión ante notario es una manera de que se le otorgue a cada uno de los herederos lo que les corresponde en el caudal hereditario de una forma rápida y segura.

Los anteriores son tan sólo algunos de los derechos humanos que los notarios contribuyen en su vigencia real y efectiva.

En cualquier Estado es de suma trascendencia que se garanticen los derechos humanos de todos los integrantes y un operador jurídico que coadyuva para que sean efectivos es el notario.

De manera sintética se puede sostener que el notario es un garante del Estado de Derecho, del respeto a los derechos humanos; un defensor de la Constitución y del respeto a la ley.

5. EN LA CREACIÓN Y DIFUSIÓN DE LA CULTURA JURÍDICA

Un papel importante que realizan los notarios en beneficio de la sociedad es enriquecer y transmitir la cultura jurídica. Muchos de ellos imparten clases en las diferentes universidades y escuelas de derecho, desde la licenciatura hasta el doctorado.

---

37 Artículo 11 de la Ley del Notariado para la Ciudad de México.

La creación de la doctrina, principalmente en el ámbito del derecho privado, hoy en día en México es gracias a la pluma de grandes notarios que mediante sus tratados, ensayos, breviarios la han ido configurando y consolidando. Sus textos son estudiados en las aulas de facultades; sus ideas y cuestionamientos a las disposiciones normativas son una fuente de reflexión de los legisladores para reformarlas.

El notariado mexicano está a la vanguardia en varias ramas del saber jurídico y ese protagonismo se ve reflejado en las autorías de los distintos libros publicados, cuya trascendencia y repercusión es notable, no sólo para los alumnos sino también para los abogados.

Esta función tan importante de transmitir de manera verbal o escrita y en los distintos foros y aulas, el derecho, ha sido un compromiso que el notariado ha asumido de manera responsable.

Las materias de personas, familia, bienes, obligaciones, contratos, sucesiones, notarial, registral e inversión extranjera son algunas de tantas estudiadas a profundidad por notarios.

Esta faceta de creación y difusión del derecho por el notariado es desconocida por muchas personas; no obstante, la labor de ir sembrando el conocimiento jurídico tarde que temprano arrojará frutos positivos.[38]

---

[38] Se agrega como apéndice algunos de los libros, ensayos y breviarios publicados por los notarios de la Ciudad de México en los últimos 25 años, lo que permite dimensionar su importancia y trascendencia.
Igualmente se puede consultar el "Catálogo Histórico de Revistas emitidas por el Colegio de Notarios de la Ciudad de México 2024 la cual recoge artículos, ensayos y estudios publicados en las revistas desde 1948 hasta 2024 el cual se puede consultar en https://colegiodenotarios.org.mx/doctos/Historico-Revistas-Colegio-CDMX.pdf

Conclusiones

PRIMERA.- Jurídicamente la actividad notarial se efectúa tanto en el ámbito federal como local.

SEGUNDA.- En el nivel federal la participación del notario se lleva a cabo principalmente en las siguientes materias: a) agraria, b) mercantil, c) fiscal, d) inversión extranjera inmobiliaria y corporativa, e) electoral, f) en la constitución de asociaciones religiosas y en las adquisiciones de sus inmuebles; g) otorgamientos de créditos con garantías hipotecarias, fiduciarias y prendarias; h) en la prevención de operaciones con recursos de procedencia ilícita, entre otras.

TERCERA.- La función notarial se proyecta localmente en las siguientes áreas: a) en cuestiones inmobiliarias; b) testamentarias y sucesorias; c) en las constituciones de instituciones de asistencia pública, asociaciones y sociedades civiles; d) en el otorgamiento, revocación y renuncias de poderes; e) en voluntad anticipada; f) notificaciones, requerimientos, declaraciones y fe de hechos; g) en cotejos y certificaciones de documentos.

CUARTA.- La figura del notario es importante por el cúmulo de actos y hechos jurídicos en los que interviene. Infinidad de transacciones inmobiliarias, crediticias y comerciales se ven reforzadas por su fe pública y la seguridad que genera en su actuar.

QUINTA.- El notariado es de las pocas instituciones que gozan aún de credibilidad en las personas; lo que refleja su influencia en la sociedad.

SEXTA.- El notario asume su responsabilidad social al intervenir en la elaboración de testamentos a bajo costo, en las asesorías jurídicas gratuitas que proporciona, en la participación de los programas de regularización de propiedades de las personas de menores recursos.

SÉPTIMA.- La función notarial tiene igualmente una gran repercusión social porque coadyuva en lograr que algunos derechos humanos cobren vigencia real y efectividad.

OCTAVA.- El notariado contribuye a la creación y difusión de la cultura jurídica a través de la publicación de los libros, ensayos, así como en la impartición de clases, seminarios y diplomados en diferentes foros, universidades y escuelas de derecho del país.

NOVENA.- El notario realiza una función económica importante para el Estado, ya que a través del cálculo y entero de las contribuciones generadas en las operaciones traslativas de dominio, miles de millones de pesos ingresan a la Federación, a las entidades federativas y municipios.

DÉCIMA.- El notariado mexicano realiza todos los días un papel fundamental en el desarrollo del país y a título ejemplificativo se puede enunciar las siguientes cifras que son únicamente de operaciones realizadas por notarios de la Ciudad de México en el 2023:

a) Se otorgaron 47 376 testamentos;

b) Se tramitaron 2 296 sucesiones intestamentarias y 4 170 testamentarias;

c) Se certificaron 204 193 documentos a través de 105 800 cotejos

d) Se firmaron 556 636 escrituras durante una gran parte del año 2023;

e) Se constituyeron 17 553 sociedades;

f) Los notarios enteraron al fisco local en el 2023 la cantidad de $8 663 millones de pesos únicamente por el impuesto de adquisición de bienes inmuebles y de enero a junio de 2024 recaudaron $4 114 millones de pesos.

Evidentemente se tendrán que incluir los importes de los impuestos sobre la renta y al valor agregado; así como los derechos de inscripción en el Registro Público de la Propiedad; calculados y liquidados a las tesorerías federal y locales.

El aporte económico que realizan los notarios a las finanzas públicas es impactante;

g) Se formalizaron 39 268 testamentos básicos y se consignaron 3 355 testamentos de adulto mayor a un valor menor de $2000 pesos e igualmente se otorgaron 1 394 testamentos de manera gratuita;

h) Se elaboraron 34 968 escrituras traslativas de dominio (al amparo de los programas sociales contemplados en el Código Fiscal de la Ciudad de México) que permitieron regularizar ese mismo número de inmuebles, gracias al subsidio de los impuestos y a la reducción de los honorarios de los notarios;

i) Del 2023 al 18 de julio de 2024 se proporcionaron 5 086 asesorías jurídicas gratuitas directamente por notarios en las instalaciones del Colegio de Notarios de la Ciudad de México.

Además se deben incluir las miles de consultas gratuitas que se realizan en cada una de las notarías.

Apéndice

Relación de ensayos y libros publicados por notarios de la Ciudad de México en los últimos años

N. Notaría	Nombre	Título de la obra	Editorial/Edición	Año
1	**Roberto Núñez y Bandera**	*Breviario 33. Incompatibilidad y caducidad registrales, tracto sucesivo, improcedencia de pago de derechos, poderes registrales y no registrables, y otros temas relacionados con la práctica registral. Colección Colegio de Notarios del Distrito Federal*	Porrúa	2007
2	**Alfredo González Serrano**	*Derecho Registral. Antecedentes y generalidades. Unidad 1.*	UNAM/Facultad de Derecho. División de Estudios de Posgrado	2000
		Derecho Registral. Materiales de la función registral. Unidad 2.	UNAM/Facultad de Derecho. División de Estudios de Posgrado	2000
5	**Alfonso Zermeño Infante**	*Memorias de un notario*	Colegio de Notarios CDMX / IIJN	2024
		Doctrina Notarial Internacional. 4a. Ed.	Porrúa/Asociación Nacional del Notariado Mexicano. Porrúa/ Asociación Nacional del Notariado Mexicano.	2013
		Fausto Rico Álvarez. Testimonios por cuarenta años en su profesión.	S/E	2004
		Doctrina Notarial Internacional. XXIV Congreso de la Unión Internacional del Notariado Latino.	Porrúa/Asociación Nacional del Notariado Mexicano.	2004
		Doctrina Notarial Internacional.	Porrúa/Asociación Nacional del Notariado Mexicano. 2a Ed.	2001

N. Notaría	Nombre	Título de la obra	Editorial/Edición	Año
6	**Claudio Juan Ramón Hernández de Rubín**	*Breviario 78. La partición y aplicación de bienes inmuebles en la liquidación de la sociedad conyugal.*	Porrúa	2014
		Estudios Jurídicos en Homenaje a Fausto Rico. (Coordinador).	Porrúa	2010
9	**José Ángel Villalobos Magaña**	*El impuesto sobre adquisición de inmuebles. Antecedentes históricos. Timbre. Herencias y legados. Donaciones. Tablas de cálculo. (Prologuista)*	Porrúa, 5a. Ed.	2022
		El impuesto sobre adquisición de inmuebles. Antecedentes históricos. Timbre. Herencias y legados. Donaciones. Tablas de cálculo. (Prologuista)	Porrúa, 4a Ed.	2020
		Estudios Jurídicos en Homenaje a Fausto Rico. (Coordinador).	Porrúa	2010
10	**Tomás Lozano Molina**	*Anecdotario generación 62. (colaborador)*	Art Graffitti.	2018
		Breviario 66. Condición de no impugnar el testamento: planteamientos sobre su validez.	Porrúa	2012
		Testamentos, sucesiones y algo más. Una guía fácil que nos ayuda a prepararnos para lo inevitable.	Océano	2009
		Breviario 10. Fusión y escisión de sociedades: sus efectos.	Porrúa	2007
		Breviario 44. Tutela cautelar y voluntad anticipada.	Porrúa	2008
13	**Ignacio Soto Sobreyra y Silva**	*Ley de Instituciones de Crédito. Antecedentes y comentarios.*	Porrúa, 13a Ed.	2023
		Breviario 7. Créditos refaccionarios y de habilitación o avío. (reedición)	Tirant lo Blanch/IIJN	2022
		Breviario 27. Régimen corporativo del capital variable en la sociedad anónima.	Tirant lo Blanch/IIJN	2022

N. Notaría	Nombre	Título de la obra	Editorial/Edición	Año
		Homenaje al doctor Joel Chirino Castillo. (Colaborador)	Colegio de profesores de derecho civil. UNAM	2019
		Ley de Instituciones de Crédito. Antecedentes y comentarios.	Porrúa, 12a Ed.	2018
		Teoría de la norma jurídica.	Porrúa, 3a ed.	2012
15	**Eduardo Alejandro Francisco García Villegas**	*Homenaje al profesor emérito Jorge Sánchez Cordero por el Colegio de Profesores de Derecho Civil Facultad de Derecho-UNAM*	Colegio de Profesores de Derecho Civil Facultad de Derecho. Universidad Nacional Autónoma de México	2021
		Homenaje al Doctor Joel Chirino Castillo	Colegio de Profesores de Derecho Civil Facultad de Derecho. Universidad Nacional Autónoma de México	2019
		Homenaje a Miguel Ángel Zamora y Valencia. (colaborador)	Colegio de Profesores de Derecho Civil Facultad de Derecho. Universidad Nacional Autónoma de México	2017
		Breviario 67. Ley de voluntad anticipada del Distrito Federal. Reforma del 27 de julio del 2012. Reflexión, análisis y critica.	Porrúa	2012
		Breviario 60. De la tutela designada a la tutela voluntaria.	Porrúa	2011
		Breviario 61. Hipoteca inversa. Necesidad de su incorporación al catálogo legislativo mexicano.	Porrúa	2011
		La tutela de la propia incapacidad. (Voluntad anticipad, tutor cautelar, poder interdicto)	Porrúa/ Universidad Nacional Autónoma de México	2010
		La tutela de la propia incapacidad	Instituto de Investigaciones Jurídicas Universidad Nacional Autónoma de México	2007

N. Notaría	Nombre	Título de la obra	Editorial/Edición	Año
		Breviario 30. La tutela de la propia incapacidad. Su regulación legal integral.	Porrúa	2006
		Derecho Fiscal. Unidad 1	Facultad de Derecho. Universidad Nacional Autónoma de México	2000
16	**María Fernanda Rodríguez Diez**	*Diccionario Jurídico Notarial. Obra colectiva. Tomo I, II, III: (voces)*	Tirant lo Blanch/IIJN	2023
17	**Fernando Cataño Muro Sandoval**	*Obra Jurídica Enciclopédica. Sucesiones y notariado. V.33*	Porrúa/Escuela Libre de Derecho	2012
18	**Rafael Azuela Nieto**	*Diccionario Jurídico Notarial. Obra colectiva. Tomo I, II, III y IV: (voces)*	Tirant lo Blanch/IIJN	2023
19	**Miguel Alessio Robles Landa**	*Temas de Derechos Reales.*	Porrúa, 6a Ed.	2022
20	**Armando Zacarías Ostos Zepeda**	*Breviario 82. La revocación en el Código Civil para el Distrito Federal (hoy Ciudad de México). Primera Parte.*	Porrúa	2020
		Breviario 83. La revocación en el Código Civil para el Distrito Federal (hoy ciudad de México). Segunda Parte.	Porrúa	2020
		Breviario 77. Los Legados de Cosa Ajena en el Código Civil para el Distrito Federal.	Porrúa	2014
22	**Daniel García Córdova**	*Diccionario Jurídico Notarial. Obra colectiva. Tomo I, II, III: (voces)*	Tirant lo Blanch/IIJN	2023
23	**Bernardo Pérez Fernández del Castillo**	*Redacción de actas y de escrituras notariales*	Porrúa	2024
		Ética Notarial.	Porrúa 6a. Ed.	2023
		Representación, poder y mandato. Prestación de servicios profesionales y su ética.	Porrúa	2023
		Contratos civiles.	Porrúa, 17a Ed. 2a. reimpresión.	2022

N. Notaría	Nombre	Título de la obra	Editorial/Edición	Año
		Orígenes e historia del notariado en México.	Porrúa 5a Ed.	2022
		Contratos civiles.	Porrúa, 17a Ed.	2021
		Derecho Registral.	Porrúa, 14a Ed.	2021
		Derecho Notarial.	Porrúa, 21a Ed.	2020
		Representación, poder y mandato. Prestación de servicios profesionales.	Porrúa, 28 Ed.	2020
		De los bienes. (Prologuista)	Porrúa, 10a Ed.	2019
		Deontología jurídica: ética del abogado y del servidor público.	Porrúa, 25 Ed.	2019
		Doctrina notarial internacional.	Porrúa/Asociación Nacional del Notariado Mexicano 6a. Ed.	2019
		Cinco siglos de documentos notariales en la historia de México. Registros del siglo XVIII. (Colaborador)	Colegio de Notarios del Distrito Federal	2016
		Deontología notarial: ética del notario y del aspirante.	Porrúa, 2a Ed.	2015
		Derecho Notarial comparado en la República Mexicana.(Prologuista)	Porrúa/Instituto Internacional del Derecho y del Estado	2011
		Orígenes e historia del notariado en México.	Porrúa 4a. Ed.	2009
		Ética del legislador.	Porrúa	2008
		Guía para los estudiantes de derecho. (Orientación educativa y profesional)	Porrúa	2005
		Derecho de los Tratados en las Constituciones de América.(Presentador)	Porrúa	2004
		Doctrina notarial internacional.	Porrúa/Colegio de Notarios del Distrito Federal.	2004

N. Notaría	Nombre	Título de la obra	Editorial/Edición	Año
		El arte notarial en México. XXIV Congreso Internacional del Notariado Latino.	Asociación Nacional del Notariado Mexicano	2004
		Breviario 16. El Notariado Mexicano en el siglo XIX.	Porrúa	2002
25	**Emiliano Zubiría Maqueo**	*Estudios de Derecho Privado.*	Universidad Panamericana/ Porrúa, 2a Ed.	2019
26	**Jesús María Garza Valdés**	*Diccionario Jurídico Notarial. Obra completa. 4 tomos (coordinador).*	Tirant lo Blanch/IIJN	2023
29	**Luis Antonio Montes de Oca Mayagoitia**	*Normativa Notarial.*	Instituto de Investigaciones Jurídicas del Notariado. 2a Ed.	2023
		Normativa Notarial México 2022.	Instituto de Investigaciones Jurídicas del Notariado.	2022
		Breviario 58. El autocontrato.	Porrúa/Colegio de Notarios del Distrito Federal	2011
30	**Rafael Arturo Coello Santos**	*Breviario 39. La doble nacionalidad.*	Porrúa/Colegio de Notarios del Distrito Federal	2008
36	**Jorge Fernando Caraza Pinto**	*Breviario 56. Sociedades Mercantiles. Su fusión transnacional.*	Porrúa	2010
40	**Carlos Prieto Aceves**	*Breviario 34. Inscripciones en el Registro Público de la Propiedad: errores subsanables. Resolución del Tribunal de lo Contencioso Administrativo.*	Porrúa	2007
		Derecho Fiscal. Unidad I.	UNAM/Facultad de Derecho. División de Estudios de Posgrado	2000
44	**Liliana Gutiérrez Robles**	*Diccionario Jurídico Notarial. Obra colectiva. Tomo I, II, III y IV: (voces)*	Tirant lo Blanch/IIJN	2023

N. Notaría	Nombre	Título de la obra	Editorial/Edición	Año
49	**Arturo Sobrino Franco**	*Breviario 53. Registro Público de Comercio: su regulación legal por reforma de 2009.*	Porrúa	2010
50	**Julio César Asprón Ortiz**	*Diccionario Jurídico Notarial. Obra colectiva. Tomo I, II, III y T. IV (voces)*	Tirant lo Blanch/IIJN	2023
		La función del notario en México a partir de la Reforma Constitucional en materia de derechos humanos de 2011. Control Difuso.	Colegio de Notarios/ Tirant lo Blanch/IIJN	2020
53	**Rogelio Rodrigo Orozco Pérez**	*Derecho Notarial. El notario.*	UNAM/Facultad de Derecho. División de Estudios de Posgrado	2000
54	**Homero Díaz Rodríguez**	*Diccionario Jurídico Notarial. Obra completa. 4 tomos (coordinador).*	Tirant lo Blanch/IIJN, 1a Ed.	2023
		Derecho Civil. De las personas.	UNAM/Facultad de Derecho. División de Estudios de Posgrado	2000
		Derecho Civil. Bienes y derechos reales. Unidad 2	Facultad de Derecho. Universidad Nacional Autónoma de México	2000
		Derecho Civil. De las personas. Unidad 1	Facultad de Derecho. Universidad Nacional Autónoma de México	2000
55	**Guillermo Carranco Romero**	*Diccionario Jurídico Notarial. Obra colectiva. Tomo III y IV (voces)*	Tirant lo Blanch/IIJN	2023
59	**Patrick Strassburger Weidmann**	*Diccionario Jurídico Notarial. Obra colectiva. Tomo I, II, III y IV (voces)*	Tirant lo Blanch/IIJN	2023
63	**Othón Pérez Fernández Del Castillo**	*Homenaje al Profesor emérito Jorge Sánchez Cordero por el Colegio de Profesores de Derecho Civil Facultad de Derecho-UNAM.*	Colegio de Profesores de Derecho Civil. Facultad de Derecho. Universidad Nacional Autónoma de México	2021

N. Notaría	Nombre	Título de la obra	Editorial/Edición	Año
		Homenaje al Doctor Joel Chirino Castillo. (colaborador)	Colegio de Profesores de Derecho Civil. Facultad de Derecho. Universidad Nacional Autónoma de México	2019
		Rafael Rojina Villegas. Estudios de Derecho Civil. Homenaje. (colaborador)	Porrúa	2018
		Homenaje a Bernardo Pérez Fernández Del Castillo.	Colegio de Profesores de Derecho Civil. Facultad de Derecho. Universidad Nacional Autónoma de México	2015
		Temas de Derecho Civil en homenaje al doctor Jorge Mario Magallón Ibarra. Rendido por miembros del Colegio de Profesores de Derecho Civil de la Facultad de Derecho UNAM.	Porrúa	2011
		Derecho Administrativo. Propiedad agraria. Unidad 5	Facultad de Derecho. Universidad Nacional Autónoma de México	2000
		Derecho Civil. Obligaciones. Unidad 4	Facultad de Derecho. Universidad Nacional Autónoma de México	2000
		Derecho Civil. Bienes y derechos reales. Unidad 2	Facultad de Derecho. Universidad Nacional Autónoma de México	2000
		Derecho Civil. Contratos. Unidad 5	Facultad de Derecho. Universidad Nacional Autónoma de México	2000
		Derecho Civil. De las personas. Unidad 1	Facultad de Derecho. Universidad Nacional Autónoma de México	2000
		Derecho Mercantil. La materia mercantil en el derecho mexicano. Unidad 1	Facultad de Derecho. Universidad Nacional Autónoma de México	2000

N. Notaría	Nombre	Título de la obra	Editorial/Edición	Año
		Derecho Fiscal. Unidad 1	Facultad de Derecho. Universidad Nacional Autónoma de México	2000
		Derecho Mercantil. Sociedades mercantiles. Unidad 4	Facultad de Derecho. Universidad Nacional Autónoma de México	2000
		Derecho Mercantil. Sociedades mercantiles. Unidad 1	Facultad de Derecho. Universidad Nacional Autónoma de México	2000
		Derecho Notarial. El notario. Unidad 1	Facultad de Derecho. Universidad Nacional Autónoma de México	2000
		Derecho Registral. Materiales de la función registral. Unidad 3	Facultad de Derecho. Universidad Nacional Autónoma de México	2000
		Derecho Registral. Materiales de la función registral. Unidad 1	Facultad de Derecho. Universidad Nacional Autónoma de México	2000
		La solemnidad del acto jurídico.	Facultad de Derecho. Universidad Nacional Autónoma de México	2000
		Derecho Administrativo. El Estado. Unidad 1	Facultad de Derecho. Universidad Nacional Autónoma de México	2000
		Derecho Registral. Antecedentes y generalidades. Unidad 1	Facultad de Derecho. Universidad Nacional Autónoma de México	2000
68	**Ricardo Gutiérrez Pérez**	*Diccionario Jurídico Notarial. Obra colectiva. 4 tomos (coordinador).*	Tirant lo Blanch/IIJN	2023
		Diccionario Jurídico Notarial. Tomo IV (voces).	Tirant lo Blanch/IIJN	2023
69	**Heriberto Castillo Villanueva**	*Cinco siglos de documentos notariales en la historia de México. Época virreinal.*	Colegio de Notarios del Distrito Federal/ Quinta Chilla Ediciones	2015

N. Notaría	Nombre	Título de la obra	Editorial/Edición	Año
		Entre la economía y el derecho. La actividad notarial vista por cuatro economistas. (Prologuista)	Colegio de Notarios del Distrito Federal.	2015
		Homenaje a Bernardo Pérez Fernández Del Castillo. (presentación)	Colegio de Profesores de Derecho Civil. Facultad de Derecho. Universidad Nacional Autónoma de México	2015
		Breviario 4. Ley de Inversión Extranjera y su Reglamento, Consideraciones y Comentarios.	Colegio de Notarios del Distrito Federal/ Porrúa	2007
		Breviario 36. Las sociedades mexicanas y la Ley de Inversión Extranjera.	Porrúa	2005
74	**Francisco Javier Arce Gargollo**	*Breviario 5. Fusión de sociedades mercantiles. (reedición)*	Tirant lo Blanch/IIJN	2022
		Breviario 62. Disposiciones testamentarias atípicas. (reedición)	Tirant lo Blanch/IIJN	2022
		De las sucesiones.	Porrúa, 12a. Ed.	2022
		Breviario 37. Arbitraje y Función Notarial (reedición).	Tirant lo Blanch/IIJN	2022
		De los bienes.	Porrúa, 10a. Ed.	2019
		Estudios de Derecho Privado.	Universidad Panamericana/Porrúa, 2a. Ed.	2019
		Contratos mercantiles atípicos.	Porrúa, 16a. Ed.	2015
		El contrato de franquicia.	Porrúa, 2a. Ed.	2015
		El principio de favor testamenti en la legislación y jurisprudencia mexicanas.	Colegio de Notarios del Distrito Federal	2009
76	**Mario Fernando Pérez Salinas y Ramírez**	*Derecho Registral. Antecedentes y generalidades. Unidad 1*	Facultad de Derecho. Universidad Nacional Autónoma de México	2003
77	**José de Jesús Niño De la Selva**	*150 años del Registro Público de la Propiedad y de Comercio de la Ciudad de México.*	Quinta Chilla Ediciones	2020

N. Notaría	Nombre	Título de la obra	Editorial/Edición	Año
78	**Miguel Ángel Zamora y Vega**	*Contratos civiles.*	Porrúa	2014
		Homenaje a Miguel Ángel Zamora y Valencia. (coordinador)	Colegio de Profesores de Derecho Civil. Facultad de Derecho. UNAM	2017
		Breviario 20. Contrato de arrendamiento de fincas urbanas destinadas a la habitación.	Porrúa	2003
81	**Jorge Franco Martínez**	*El Notario Público y la Jurisdicción Voluntaria.*	México	2001
82	**Pedro Bernardo Barrera Cristiani**	*Diccionario Jurídico Notarial. Obra colectiva. Tomo I, II A-D*	Tirant lo Blanch/IIJN	2023
85	**Rosa María Ávila Fernández**	*Legislación Notarial de la Ciudad de México.*	Tirant lo Blanch/IIJN	2019
88	**Ricardo Vargas Navarro**	*Diccionario Jurídico Notarial. Obra colectiva. Tomo I, II, III (voces)*	Tirant lo Blanch/IIJN	2023
		Homenaje a Miguel Ángel Zamora y Valencia. (coordinador)		2017
90	**Joel Chirino Castillo**	*Contratos Civiles.*	Porrúa, 1a. Ed.	2024
		Obligaciones civiles.	Porrúa, 3a. Ed.	2024
		Homenaje al profesor emérito Jorge Sánchez Cordero por el Colegio de Profesores de Derecho Civil Facultad de Derecho-UNAM	Colegio de Profesores de Derecho Civil. Facultad de Derecho. UNAM	2021
		Rafael Rojina Villegas. Estudios de derecho civil. Homenaje.	Porrúa	2018
		Homenaje a Miguel Ángel Zamora y Valencia. (colaborador)	Colegio de Profesores de Derecho Civil. Facultad de Derecho. UNAM	2017

N. Notaría	Nombre	Título de la obra	Editorial/Edición	Año
		Homenaje a Bernardo Pérez Fernández del Castillo. (colaborador)	Colegio de Profesores de Derecho Civil. Facultad de Derecho. UNAM	2015
		Breviario 11. Sobrecuota anticonstitucional en derechos de registro.	Porrúa	2012
		80 años de vigencia del Código Civil para el Distrito Federal. Trabajos conmemorativos de la autoría de Señores Miembros del Colegio de Profesores de Derecho Civil de la Facultad de Derecho de la Universidad Nacional Autónoma de México.	Colegio de Profesores de Derecho Civil. Facultad de Derecho. Universidad Nacional Autónoma de México	2012
		Contratos.	Porrúa	2011
		Código Civil para el Distrito Federal en materia común y para toda la República en materia federal. Notas previas al articulado.	México	2000
		Homenaje al Doctor Othón Pérez Fernández del Castillo.	Colegio de Profesores de Derecho Civil. Facultad de Derecho. UNAM	2000
95	**Olga Mercedes García Villegas Sánchez Cordero**	*Sociología general y jurídica.*	Porrúa, 2a. Ed.	2016
		Juzgar con perspectiva de género. Conferencias Magistrales.	Instituto Nacional de Ciencias Penales	2014
		Magistratura constitucional en México. Elementos de juicio.	Instituto de Investigaciones Jurídicas. Universidad Nacional Autónoma de México	2005
		Derecho Notarial. El notario. Unidad 1	Facultad de Derecho. Universidad Nacional Autónoma de México	2000
97	**Marco Antonio Espinoza Rommyngth**	*Diccionario Jurídico Notarial. Obra colectiva Tomo III (voces).*	Tirant lo Blanch/IIJN	2023

N. Notaría	Nombre	Título de la obra	Editorial/Edición	Año
98	**Gonzalo Manuel Ortiz Blanco**	*El contrato de compraventa.*	Tirant lo Blanch/IIJN/ Universidad Panamericana	2018
		Fausto Rico Álvarez. Testimonios por cuarenta años en su profesión.	S/E	2004
99	**José Luis Quevedo Salceda**	*Rafael Rojina Villegas. Estudios de derecho civil. Homenaje.*	Porrúa	2018
		Homenaje al Doctor Jorge Alfredo Domínguez Martínez (colaborador)	Colegio de Profesores de Derecho Civil. Facultad de Derecho. Universidad Nacional Autónoma de México	2000
103	**Ariel Ortiz Macías**	*Rafael Rojina Villegas. Estudios de derecho civil. Homenaje.*	Porrúa	2018
		Homenaje al Doctor Jorge Alfredo Domínguez Martínez.	Colegio de Profesores de Derecho Civil. Facultad de Derecho. Universidad Nacional Autónoma de México	2000
111	**Alejandro Carvallo Carrillo**	*Diccionario Jurídico Notarial. Obra colectiva Tomo I, II, III y IV (voces)*	Tirant lo Blanch/IIJN	2023
112	**José Higinio Núñez y Bandera**	*Las sucesiones internacionales e interestatales en México. Prospectiva judicial, notarial y consular.*	Tirant lo Blanch/IIJN	2020
		Cómo hacer su testamento y no morir en el intento.	Punto de Lectura Santillana Ediciones Generales	2010
		Cómo hacer su testamento y no morir en el intento.	Aguilar	2004
115	**Jorge Ríos Hellig**	*Diccionario Jurídico Notarial. T.I, II (voces)*	Tirant lo Blanch/IIJN	2023
		La práctica del Derecho Notarial.	McGraw Hill, 10a. Ed.	2020

N. Notaría	Nombre	Título de la obra	Editorial/Edición	Año
		Obra Jurídica Enciclopédica. Sucesiones y notariado. V.33	Porrúa/Escuela Libre de Derecho/Centro de Investigación e Informática Jurídica	2012
		Breviario 6. Los principios éticos notariales en la Ley del Notariado para el Distrito Federal.	Porrúa, 2a. Ed.	2012
		Los principios éticos notariales en La Ley del Notariado para el Distrito Federal.	Porrúa	2001
		Derecho Notarial. El notario. Unidad 1	Facultad de Derecho. Universidad Nacional Autónoma de México	2000
		Ley del Notariado para el Distrito Federal. Comentarios a la Ley del Notariado.	McGraw Hill	2000
116	**Ignacio Rey Morales Lechuga**	*Justicia Constitucional y Derecho Notarial.*	Tirant lo Blanch/IIJN	2021
		El naufragio de México: 16 ensayos sobre el futuro del país.	Grijalbo	2019
		Un documento, una época. 500 años del notariado.	Colegio de Notarios del Distrito Federal/ Quinta Chilla	2013
		Corpus Christi. Un tesoro documental en el corazón de la Ciudad de México.	Colegio de Notarios del Distrito Federal	2013
		Estudios Jurídicos en Homenaje a Fausto Rico. (Exordio).	Porrúa	2010
120	**Miguel Ángel Espíndola Bustillos**	*Diccionario Jurídico Notarial. Obra colectiva. Tomo III, IV (voces)*	Tirant lo Blanch/IIJN	2023
121	**Amando Mastachi Aguario**	*Diccionario Jurídico Notarial. Obra completa. 4 tomos (coordinador).*	Tirant lo Blanch/IIJN	2023
		Prontuario de avisos en materia notarial.	Tirant lo Blanch/IIJN, 3a. Ed.	2023
		Prontuario metropolitano de avisos notariales. Ciudad de México y Estado de México.	Tirant lo Blanch/IIJN	2023

N. Notaría	Nombre	Título de la obra	Editorial/Edición	Año
		Breviario 42. Derechos de preferencia. (reedición)	Tirant lo Blanch/IIJN	2022
125	**Javier Isaías Pérez Almaraz**	*Homenaje a Bernardo Pérez Fernández Del Castillo. (colaborador)*	Colegio de Profesores de Derecho Civil. Facultad de Derecho. Universidad Nacional Autónoma de México	2015
		Homenaje a Miguel Ángel Zamora y Valencia. (colaborador)	Colegio de Profesores de Derecho Civil. Facultad de Derecho. Universidad Nacional Autónoma de México	2015
		Homenaje al Doctor Jorge Alfredo Domínguez Martínez. (coordinador)	Colegio de Profesores de Derecho Civil. Facultad de Derecho. Universidad Nacional Autónoma de México	2015
		Doctrina Notarial Internacional.	Porrúa/Asociación Nacional del Notariado Mexicano, 4a. Ed.	2013
		Breviario 50. El notariado mexicano ante la influencia del Sistema Anglosajón.	Porrúa/Colegio de Notarios del Distrito Federal	2010
		La función notarial y la correduría. (colaborador)	Colegio de Notarios del Distrito Federal	2005
126	**Adrián Moreno Rivera**	*Diccionario Jurídico Notarial. Obra colectiva. Tomo I, II, III, IV (voces)*	Tirant lo Blanch/IIJN, 1a. Ed.	2023
129	**Ignacio Soto Borja y Anda**	*Anecdotario Generación 62*	Art Graffitti	2018
		La empresa socialmente responsable: una tendencia mundial.	El Mundo del Abogado	2017
		La empresa socialmente responsable: una tendencia mundial. La disrupción tecnológica en la profesión jurídica.	El Mundo del Abogado	2009

N. Notaría	Nombre	Título de la obra	Editorial/Edición	Año
136	**Guillermo Ramírez de Aguilar Castañeda**	*Diccionario Jurídico Notarial. Obra colectiva. Tomo I, II, III, IV (voces)*	Tirant lo Blanch/IIJN, 1a. Ed.	2023
137	**Carlos De Pablo Serna**	*Estudios Jurídicos de Manuel Borja Martínez.*	Tirant lo Blanch/IIJN	2019
		Anecdotario Generación 62	Art Graffitti	2018
		Rafael Rojina Villegas. Estudios de derecho civil. Homenaje.	Porrúa	2018
		Homenaje a Bernardo Pérez Fernández Del Castillo. (colaborador)	Colegio de Profesores de Derecho Civil. Facultad de Derecho. Universidad Nacional Autónoma de México	2015
		Homenaje al Doctor Jorge Alfredo Domínguez Martínez. (coordinador)	Colegio de Profesores de Derecho Civil. Facultad de Derecho. Universidad Nacional Autónoma de México	2015
		Breviario 15. El contrato, un negocio jurídico.	Porrúa/Colegio de Notarios del Distrito Federal	2009
		Derecho Administrativo. El Estado. Unidad 1	Facultad de Derecho. Universidad Nacional Autónoma de México	2000
		Derecho Administrativo. Propiedad agraria. Unidad 5	Facultad de Derecho. Universidad Nacional Autónoma de México	2000
138	**José Antonio Manzanero Escutia**	*Prevención de lavado de dinero. ¿Cómo cumplir con las obligaciones de la Ley Antilavado en la Función Notarial?*	Colegio Estatal de Notarios de Guanajuato	2020
139	**Jorge Orozco González**	*Breviario 84. Breves reflexiones sobre las sucesiones internacionales e interfederativas de trámite notarial.*	Tirant lo Blanch/IIJN	2022
		Diccionario Jurídico Notarial. T.I (voces)	Tirant lo Blanch/IIJN	2023

N. Notaría	Nombre	Título de la obra	Editorial/Edición	Año
		Las sucesiones internacionales e interestatales en México. Perspectiva judicial, notarial y consular.	Tirant lo Blanch/IIJN	2020
140	**Jorge Alfredo Domínguez Martínez**	*Breviario 69. Las formas de testar en el Código Civil para el Distrito Federal (reedición).*	Tirant lo Blanch/IIJN	2024
		Escrituras y actas notariales. Jerarquía. Coincidencias. Diferencias. Respectiva dinámica.	Procesos Editoriales	2024
		El fideicomiso.	Porrúa, 4a. Ed.	2024
		Derecho civil. Sucesiones.	Porrúa, 4a. Ed.	2024
		Derecho civil. Parte general-personas, bienes, negocio jurídico e invalidez.	Porrúa, 18a. Ed.	2024
		Breviario 85. El Colegio de Notarios de la Ciudad de México. Su integridad y su gallardía nunca desmentidas.	Tirant lo Blanch/IIJN	2023
		Derecho civil. Parte general-personas, bienes, negocio jurídico e invalidez.	Porrúa	2023
		Código de Napoleón. Reformas en Sucesiones liberalidades. Ley numero 2006-728 del 23 de junio del 2006.	Procesos Editoriales Don José	2022
		Convenio y contrato.	Porrúa, 8a. Ed.	2022
		El fideicomiso.	Porrúa	2022
		Derecho Civil. Obligaciones.	Porrúa	2022
		Proyecto de Código Civil para la Ciudad de México.	Porrúa, 3a. Ed.	2022
		Convenio y contrato.	Porrúa	2022
		Sucesiones. Presentación breve e ilustrada.	Porrúa	2022
		Gracias a Dios, a Patricia, mi esposa, y a la vida.	S/E	2021
		Derecho Civil. Familia.	Porrúa	2021

N. Notaría	Nombre	Título de la obra	Editorial/Edición	Año
		La escritura ante notario. Alta jerarquía, disposiciones legales aplicables, razones.	Procesos Editoriales Don José	2020
		Incapacidad de ejercicio y discapacidad. Fijación de conceptos. Esencia. Alcances. Relaciones. Confusión. Su aplicación en la actividad notarial.	Procesos Editoriales Don José	2020
		Código de Napoleón. Reformas en fuentes y régimen general de las obligaciones. 2016-2018. Texto y comentarios. Número 2	Procesos Editoriales Don José	2019
		Derecho Civil. Contratos.	Porrúa, 6a. Ed.	2019
		Derecho civil. Sucesiones.	Porrúa	2019
		Convenio y contrato. Replanteamientos sobre sus respectivos conceptos en el Código Civil para el Distrito Federal.	Porrúa	2018
		Derecho Civil. Obligaciones.	Porrúa	2018
		Rafael Rojina Villegas: Estudios de Derecho Civil. (Coordinador)	Porrúa	2018
		Una pregunta por lo menos de cada artículo del Código Civil para el Distrito Federal.	Porrúa	2017
		El régimen de propiedad y condominio. Estudio jurídico y regulación legal.	Porrúa, 3a. Ed.	2016
		¡Pobre Código Civil para el Distrito Federal!	Porrúa	2015
		Homenaje al maestro José Barroso Figueroa. (Coordinador)	Porrúa	2014
		Breviario 21. El poder general para pleitos y cobranzas: contenido y limitaciones.	Porrúa	2013
		80 años De Vigencia Del Código Civil Para El Distrito Federal. (Coordinador)	Porrúa, 1a. Ed.	2012
		Derecho de familia.	Porrúa	2011
		Derecho Civil. Familia.	Porrúa, 4a. Ed.	2011

N. Notaría	Nombre	Título de la obra	Editorial/Edición	Año
		Temas de derecho civil en homenaje al doctor Jorge Mario Magallón Ibarra. (Autor)	Porrúa, 1a. Ed.	2011
		Breviario 47. El divorcio. Su procedencia por la sola voluntad de uno de los cónyuges y sin expresión de causa.	Porrúa	2009
		Breviario 14. Sociedad conyugal y separación de bienes.	Porrúa	2008
		Breviario 41. El fideicomiso de antes y ahora.	Porrúa	2008
		Breviario 43. La nueva sociedad conyugal en el Código Civil para el Distrito Federal	Porrúa	2008
		Derecho Civil. Familia.	Porrúa	2008
		Breviario 33. Incompatibilidad y caducidad registrales, tracto sucesivo, improcedencia de pago de derechos, poderes registrales y no registrables, y otros temas relacionados con la práctica registral. Colección Colegio de Notarios del Distrito Federal.	Porrúa	2007
		Breviario 13. El Colegio de Notarios del Distrito Federal. Presentación. Régimen Legal. Dinámica.	Porrúa	2002
		El notario asesor jurídico calificado e imparcial, redactor y dador de fe.	Porrúa, 2a. Ed.	2002
		Dos aspectos de la esencia del fideicomiso mexicano. (Acto constitutivo unilateral y propiedad conservada por el fideicomitente con la titularidad del fiduciario).	Porrúa 3a. Ed.	2000
		Derecho Civil. Contratos. Unidad 5	Porrúa	2000
		Derecho Civil. Obligaciones. Unidad 4	Facultad de Derecho. UNAM	2000
		Derecho civil. Parte general – personas. Cosas. Negocio jurídico e invalidez.	Porrúa, 7a. Ed.	2000

N. Notaría	Nombre	Título de la obra	Editorial/Edición	Año
143	**Moisés Téliz Santoyo**	*De la cultura, los jóvenes y México. Apuntes para menores de 29 años.*	Procesos Editoriales Don José	2023
		Charlas con el notario, orientaciones y explicaciones diversas.	Colegio de Notarios del Distrito Federal	2021
		Breviario 81. Obligaciones notariales y reflexiones en materia de combate al lavado de dinero. ¿Qué y cómo? ¿Se puede lavar dinero ante notario?	Procesos Editoriales Don José /Colegio de Notarios de la Ciudad de México	2000
145	**Francisco José Visoso Del Valle**	*Tratado sobre principios registrales.*	Tirant lo Blanch/IIJN	2024
		El remate: medios de realización judicial.	Porrúa, 3a. Ed.	2023
		Tratado sobre los principios registrales.	Bosch	2020
		La hipoteca.	Porrúa, 3a. Ed.	2019
		Breviario 29. Usufructo, uso y habitación.	Porrúa	2019
		Principios Registrales. Tracto Sucesivo, especialidad, consentimiento, rogación y prioridad.	Bosch	2017
		Derecho Registral: principio de publicidad.	Bosch, 2a. Ed.	2016
		Principio Registral de Inscripción.	Bosch	2016
		Principios Registrales de Legalidad, Legitimación y Fe Pública.	Bosch	2016
		Breviario 75. Fusión.	Porrúa	2014
		El remate: medios de realización judicial.	Porrúa, 2a. Ed.	2014
		Breviario 64. Apertura de crédito con garantía hipotecaria inversa.	Porrúa	2012
		Breviario 68. Transformación de sociedades.	Porrúa	2012
		Breviario 46. Ausentes e ignorados.	Porrúa	2009
		Breviario 35. La Sociedad Anónima en la Ley General de Sociedades Mercantiles y en la Ley del Mercado de Valores: presentación comparativa.	Porrúa	2007

N. Notaría	Nombre	Título de la obra	Editorial/Edición	Año
		Breviario 38. La Asociación Civil.	Porrúa	2007
146	**Ana de Jesús Jiménez Montañez**	*Diccionario Jurídico Notarial. Obra colectiva. Tomo III y IV (voces).*	Tirant lo Blanch/IIJN	2023
151	**Cecilio González Márquez**	*Derecho Administrativo. El Estado. Unidad 1*	Facultad de Derecho. Universidad Nacional Autónoma de México	2000
		Derecho Administrativo. Propiedad agraria. Unidad 5	Facultad de Derecho. Universidad Nacional Autónoma de México	2000
153	**Jorge Antonio Sánchez Cordero Dávila**	*La inextricable travesía del acceso a la cultura.*	Tirant lo Blanch/IIJN/ Humanidades	2023
		Pax Cultura.	Tirant lo Blanch/IIJN	2022
		Las disfunciones culturales mexicanas. Análisis crítico de los procesos culturales en México.	Tirant lo Blanch/IIJN Humanidades	2021
		Entre Escila y Caribdis. Infortunios y tragedias culturales. Nuevos y antiguos desafíos ante la devastación, el saqueo y las políticas hegemónicas en materia cultural.	Tirant lo Blanch/IIJN	2018
		Centenario de la Constitución de 1917. Reflexiones del Derecho Internacional Privado. La Convención de unidroit, reflexiones mexicanas.	S/E	2017
		Centenario de la Constitución de 1917. Reflexiones del derecho internacional público. Los instrumentos internacionales y la protección del Patrimonio Cultural Material Mexicano.	Instituto de Investigaciones Jurídicas. Universidad Nacional Autónoma de México/ Secretaría de Relaciones Exteriores	2017
		El derecho y la cultura.	Tirant lo Blanch/IIJN	2016
		Protección del patrimonio cultural: casos relevantes.	S/E	2016

N. Notaría	Nombre	Título de la obra	Editorial/Edición	Año
		Principios del derecho de los procesos colectivos.	Instituto de Investigaciones Jurídicas. Universidad Nacional Autónoma de México/The American Law Institute	2014
		Patrimonio cultural: ensayos de cultura y derecho.	UNAM	2013
		La reforma constitucional en materia de cultura: las nuevas perspectivas del patrimonio cultural mexicano.	Facultad de Derecho. Universidad Nacional Autónoma de México	2011
		Rafael Rojina Villegas. Estudios de derecho civil. Homenaje.	Porrúa	2008
		Les minorités.	Instituto de Investigaciones Jurídicas. Universidad Nacional Autónoma de México	2002
		The impact of the Uniform Laws on the protection of Cultural Heritage and the Preservation of Cultural Heritage in the 21 st Century.	UNAM	2000
159	**Tarcisio Domingo Sánchez Ulloa**	*Diccionario Jurídico Notarial. Obra colectiva. 4 tomos (coordinador).*	Tirant lo Blanch/IIJN	2023
164	**Antonio Velarde Violante**	*Derecho Mercantil. La materia mercantil en el derecho mexicano. Unidad 1*	Facultad de Derecho. Universidad Nacional Autónoma de México	2000
		Derecho Mercantil. Sociedades mercantiles. Unidad 4	Facultad de Derecho. Universidad Nacional Autónoma de México	2000
167	**Benjamín Cervantes Cardiel**	*Derecho Civil. Contratos. Unidad 5*	Facultad de Derecho. Universidad Nacional Autónoma de México	2000
168	**Jorge Alfredo Ruiz Del Río Escalante**	*El Colegio de Notarios de la Ciudad de México. Una historia de tradición y modernidad.*	Colegio de Notarios de la Ciudad de México/Quinta Chilla	2021

N. Notaría	Nombre	Título de la obra	Editorial/Edición	Año
		El nacimiento de México. Doy Fe.	Colegio Nacional del Notariado Mexicano/ Quinta Chilla	2021
		150 años del Registro Público de la Propiedad y de Comercio de la Ciudad de México.	Quinta Chilla Ediciones	2020
		Cinco siglos de documentos notariales en la historia de México. Registros del siglo XVIII	Colegio de Notarios del Distrito Federal	2016
		Cinco siglos de documentos notariales en la historia de México. Época virreinal.	Colegio de Notarios del Distrito Federal/ Quinta Chilla Ediciones	2015
		Corpus Christi. Un tesoro documental en el corazón de la Ciudad de México	Colegio de Notarios del Distrito Federal	2013
		Un documento, una época. 500 años del notariado.	Colegio de Notarios del Distrito Federal/ Quinta Chilla	2013
		El Colegio de Notarios del Distrito Federal.	Colegio de Notarios del Distrito Federal	2011
		Doctrina Notarial Internacional.	Porrúa/Asociación Nacional del Notariado Mexicano 2a. Ed.	2001
169	**Miguel Ángel Beltrán Lara**	*Homenaje al profesor emérito Jorge Sánchez Cordero.*	Colegio de Profesores de Derecho Civil. Facultad de Derecho. Universidad Nacional Autónoma de México	2021
		Homenaje al Doctor Joel Chirino Castillo. (presentación)	Colegio de Profesores de Derecho Civil. Facultad de Derecho. Universidad Nacional Autónoma de México	2019
		Rafael Rojina Villegas. Estudios de derecho civil. Homenaje.	Porrúa	2018

N. Notaría	Nombre	Título de la obra	Editorial/Edición	Año
		Homenaje al maestro José Barroso Figueroa. (colaborador)	Colegio de Profesores de Derecho Civil. Facultad de Derecho. Universidad Nacional Autónoma de México	2014
		80 años de vigencia del Código Civil para el Distrito Federal. Trabajos conmemorativos de la autoría de Señores Miembros del Colegio de Profesores de Derecho Civil de la Facultad de Derecho de la Universidad Nacional Autónoma de México.	Colegio de Profesores de Derecho Civil. Facultad de Derecho. Universidad Nacional Autónoma de México	2012
		Homenaje al Doctor Othón Pérez Fernández del Castillo. (colaborador)	Colegio de Profesores de Derecho Civil. Facultad de Derecho. Universidad Nacional Autónoma de México	2000
172	**Aquileo Infanzón Rivas**	*Breviario 11. Sobrecuota Anticonstitucional en Derechos de Registro.*	Porrúa	2012
173	**Francisco Xavier Arredondo Galván**	*Diccionario Jurídico Notarial. Obra colectiva. Tomo I: T. II, III y T. IV (voces)*	Tirant lo Blanch/IIJN	2023
		Breviario 76. La Firma Electrónica Notarial y la Copia Certificada Electrónica en el Distrito Federal.	Porrúa	2014
		Breviario 8. Personas físicas nacionales y extranjeras. Régimen Jurídico.	Porrúa	2010
174	**Víctor Rafael Aguilar Molina**	*Ley del Notariado para la Ciudad de México. Reglamento de la Ley del Notariado para la Ciudad de México.*	Tirant lo Blanch/IIJN	2023
		El Colegio de Notarios de la Ciudad de México. Una historia de tradición y modernidad.	Colegio de Notarios de la Ciudad de México/Quinta Chilla	2021

N. Notaría	Nombre	Título de la obra	Editorial/Edición	Año
		Homenaje al Doctor Othón Pérez Fernández del Castillo.(colaborador)	Colegio de Profesores de Derecho Civil Facultad de Derecho. Universidad Nacional Autónoma de México	2020
		Deontología y reglas de organización del notariado. Unión Internacional del Notariado.	Colegio de Notarios del Distrito Federal/ Colegio de Notarios de la Ciudad de México	2013
		Ley del Notariado para el Distrito Federal.	Colegio de Notarios del Distrito Federal, 3a. Ed.	2012
		Notariado del Distrito Federal.	Colegio de Notarios del Distrito Federal, 2a. Ed.	2010
		Breviario 48. Venta Judicial.	Porrúa	2009
		Breviario 1. La actividad notarial en el nuevo Derecho Agrario.	Porrúa	2007
		Notariado del Distrito Federal.	Colegio de Notarios del Distrito Federal.	2006
		La función notarial y la correduría. (coordinador)	Colegio de Notarios del Distrito Federal	2005
		Ley del Notariado para el Distrito Federal. Correlacionada con Legislación Federal.	S/E, 2a. Ed.	2003
176	**Carlos Gabriel Cervantes Origel**	*Diccionario Jurídico Notarial. T.I, II, III y IV (voces)*	Tirant lo Blanch/IIJN	2023
180	**Luis Eduardo Paredes Sánchez**	*Teoría general de las obligaciones. Instituciones, conceptos fundamentales y reglamentación.*	Tirant lo Blanch/IIJN	2022
		Presupuestos del negocio jurídico. Capacidad legal, idoneidad del Objeto, Legitimación, Sustancial y (eventualmente) Condictio Iuris.	Porrúa/Universidad Panamericana, 2a. Ed.	2019

N. Notaría	Nombre	Título de la obra	Editorial/Edición	Año
		Derecho de sucesiones por causa de muerte.	Porrúa	2016
		Presupuestos del negocio jurídico. Capacidad legal, idoneidad del Objeto, Legitimación, Sustancial y (eventualmente) Condictio Iuris.	Porrúa/Universidad Panamericana	2010
		Derecho Mercantil. Parte general y sociedades.	Patria	2008
186	**Juan Manuel Asprón Pelayo**	*Breviario 57. Impuesto al Valor Agregado.*	Porrúa	2011
		Breviario 32. Cuentos sucesorios. Conveniencia de testar.	Porrúa	2019
		Sucesiones.	McGraw Hill, 3a. Ed.	2008
		Breviario 28. Impuesto Sobre la Renta de Personas Físicas.	Porrúa	2006
		Breviario 19. Los ingresos del Gobierno del Distrito Federal: Créditos Fiscales Locales.	Porrúa	2003
187	**Carlos Antonio Rea Field**	*Derecho Civil. Obligaciones. Unidad 4*	Facultad de Derecho. Universidad Nacional Autónoma de México	2000
190	**José Manuel Nuncio Rodríguez**	*Diccionario Jurídico Notarial. T.I, II, III y IV (voces)*	Tirant lo Blanch/IIJN	2023
193	**Pascual Alberto Orozco Garibay**	*Derecho Constitucional para principiantes.*	Tirant lo Blanch/IIJN	2024
		La propiedad pública, privada y social en México.	Porrúa	2024
		Breviario 52. La propiedad del Estado Mexicano o propiedad pública. (reedición).	Tirant lo Blanch/IIJN	2023
		Breviario 54. El régimen constitucional de la propiedad en México. (reedición).	Tirant lo Blanch/IIJN	2023

N. Notaría	Nombre	Título de la obra	Editorial/Edición	Año
		Breviario 63. Régimen fiscal y constitucional de las adquisiciones y enajenaciones de inmuebles por personas morales (reedición).	Tirant lo Blanch/IIJN	2023
		Breviario 70. La nacionalidad y la ciudadanía mexicana a raíz de la reforma constitucional en materia derechos humanos. (reedición)	Tirant lo Blanch/IIJN	2023
		Breviario 71. La condición jurídica de los extranjeros derivados de las reformas constitucionales y migratorias. (reedición)	Tirant lo Blanch/IIJN	2023
		Breviario 86. La condición jurídica de los extranjeros derivados de las reformas constitucionales y migratorias.	Tirant lo Blanch/IIJN	2023
		Breviario 87. Las enajenaciones agrarias. Régimen fiscal y requisitos legales.	Tirant lo Blanch/IIJN	2023
		Breviario 88. Régimen fiscal y limitaciones a las adquisiciones y enajenaciones de inmuebles por particulares.	Tirant lo Blanch/IIJN	2023
		Breviario 18. Nacionales, ciudadanos y extranjeros: la población del Estado Mexicano. (reedición)	Tirant lo Blanch/IIJN	2022
		Breviario 36. La defensa de la Constitución: del amparo a los procesos jurisdiccionales en materia electoral. (reedición)	Tirant lo Blanch/IIJN	2022
		La condición jurídica de los extranjeros.	Porrúa, 2a. Ed.	2022
		La responsabilidad del notario ante la disyuntiva entre la aplicación de la ley o los tratados internacionales. Una perspectiva constitucional.	Procesos Editoriales Don José	2020
		La constitucionalización de la propiedad social. Orígenes y perspectivas. El artículo 27 constitucional.	Procesos Editoriales Don José	2019

N. Notaría	Nombre	Título de la obra	Editorial/Edición	Año
		Rafael Rojina Villegas. Estudios de derecho civil. Homenaje. (Colaborador)	Colegio de Profesores de Derecho Civil Facultad de Derecho. Universidad Nacional Autónoma de México	2018
		Breviario 63. Régimen fiscal y constitucional de las adquisiciones y enajenaciones de inmuebles por personas morales.	Porrúa	2011
		Derecho Constitucional. El Estado Mexicano. Su estructura constitucional.	Porrúa, 2a. Ed.	2011
		Introducción al estudio de la Teoría del Estado y su aplicación a México	Escuela Libre de Derecho	2002
		Homenaje al Doctor Jorge Alfredo Domínguez Martínez. (colaborador)	Colegio de Profesores de Derecho Civil Facultad de Derecho. Universidad Nacional Autónoma de México	2000
		Diccionario Jurídico Notarial. T.I, II (voces)	Tirant lo Blanch/IIJN	2023
195	**Patricio Garza Bandala**	*De los contratos civiles.*	Porrúa, 2a. Ed.	2024
		Compendio de Derecho de Obligaciones.	Porrúa, 2a. Ed.	2022
		Derecho de familia.	Porrúa/Escuela Libre de Derecho, 3a. Ed.	2022
		Tratado teórico-práctico de derecho de obligaciones	Porrúa, 2a. Ed.	2022
		Rafael Rojina Villegas. Estudios de derecho civil. Homenaje	Colegio de Profesores de Derecho Civil Facultad de Derecho. Universidad Nacional Autónoma de México	2018
		Compendio de Derecho de Obligaciones.	Porrúa	2018
		Derecho de familia. Estudios en homenaje a la Escuela Libre de Derecho con motivo de su primer centenario	Porrúa	2011

N. Notaría	Nombre	Título de la obra	Editorial/Edición	Año
		Estudios Jurídicos en Homenaje a Fausto Rico. (Coordinador)	Porrúa	2010
		Introducción al estudio del derecho civil y personas.	Porrúa	2009
		De los contratos civiles.	Porrúa	2008
		De la persona y de la familia en el Código Civil para el Distrito Federal.	Porrúa	2006
		Homenaje al Doctor Jorge Alfredo Domínguez Martínez	Colegio de Profesores de Derecho Civil Facultad de Derecho. Universidad Nacional Autónoma de México	2000
196	**Erick Salvador Pulliam Aburto**	*El Colegio de Notarios del Distrito Federal.*	Colegio de Notarios del Distrito Federal	2011
		Breviario 23. Bancos y demás Entidades Financieras: obligaciones en el otorgamiento de créditos, reformas y reglas administrativas de 2003.	Porrúa	2004
		Breviario 17. Nuevas obligaciones en Créditos de Entidades Financieras.	Porrúa	2003
		Derecho Civil. Obligaciones. Unidad 4	Facultad de Derecho. Universidad Nacional Autónoma de México	2000
197	**Sara Cuevas Villalobos**	*Cinco siglos de documentos notariales en la historia de México. Registros del siglo XVIII.*	Colegio de Notarios del Distrito Federal	2016
198	**Enrique Almanza Pedraza**	*Diccionario Jurídico Notarial. Obra colectiva. Tomo III, IV P-Z*	Tirant lo Blanch/IIJN	2023
201	**Héctor Manuel Cárdenas Villarreal**	*Proyecto de Código Civil para la Ciudad de México.*	Porrúa	2020
		Rafael Rojina Villegas. Estudios de derecho civil. Homenaje	Porrúa	2018

N. Notaría	Nombre	Título de la obra	Editorial/Edición	Año
		La función notarial y la correduría. (coordinador)	Colegio de Notarios del Distrito Federal	2005
202	**Mischel Cohen Chicurel**	*Compendio de Derecho de Obligaciones.*	Porrúa 2a. Ed.	2022
		Derecho de familia.	Porrúa Escuela/Libre de Derecho, 3a. Ed.	2022
		Tratado teórico-práctico de derecho de obligaciones.	Porrúa, 2a. Ed.	2022
		Compendio de Derecho de Obligaciones.	Porrúa	2018
		Derecho de familia. Estudios en homenaje a la Escuela Libre de Derecho con motivo de su primer centenario	Porrúa Escuela/Libre de Derecho	2011
		Introducción al estudio del derecho civil y persona.	Porrúa	2009
		De la persona y de la familia en el Código Civil para el Distrito Federal.	Porrúa	2006
203	**Juan José Pastrana Ancona**	*Aurora: clásicos del derecho.*	Asociación Nacional del Notariado Mexicano, A.C./Colegio Notarial	2011
210	**Ricardo Cuevas Miguel**	*Breviario 79. De la autorización en autos. (reedición)*	Tirant lo Blanch/IIJN	2022
		Breviario 79. De la autorización en autos.	Porrúa	2014
214	**Efraín Martín Virués y Lazos**	*150 años del Registro Público de la Propiedad y de Comercio de la Ciudad de México.*	Quinta Chilla Ediciones	2020
217	**José Ángel Fernández Uría**	*Justicia Constitucional y Derecho Notarial.*	Tirant lo Blanch/IIJN	2021
218	**José Luis Villavicencio Castañeda**	*Breviario 45. Registro Público de Comercio: algunas consideraciones sobre su razón de ser, alcances y evolución.*	Porrúa	2008
222	**Ponciano López Juárez**	*Justicia Constitucional y Derecho Notarial. (coordinador)*	Tirant lo Blanch/IIJN	2021

N. Notaría	Nombre	Título de la obra	Editorial/Edición	Año
		150 años del Registro Público de la Propiedad y de Comercio de la Ciudad de México.	Quinta Chilla Ediciones	2020
		Breviario 45. Registro Público de Comercio: algunas consideraciones sobre su razón de ser, alcances y evolución.	Porrúa	2008
		Breviario 33. Incompatibilidad y caducidad registrales, tracto sucesivo, improcedencia de pago de derechos, poderes registrales y no registrables, y otros temas relacionados con la práctica registral.	Porrúa	2007
		Breviario 3. Los elementos de identidad del notariado de tipo latino.	Porrúa	2001
224	**Jesús Torres Gómez**	*Breviario 22. El dinero: algunas consideraciones jurídicas.*	Porrúa	2004
227	**Carlos Antonio Morales Montes de Oca**	*Breviario 59. La adopción. Algunos tópicos. Adoptio naturam imitatur.*	Porrúa	2011
229	**Marco Antonio Ruiz Aguirre**	*Diccionario Jurídico Notarial. Obra colectiva. Tomo III, IV (voces)*	Tirant lo Blanch/IIJN	2023
		Formularios Notariales.	Tirant lo Blanch/IIJN	2018
230	**Alfredo Bazúa Witte**	*Rafael Rojina Villegas. Estudios de derecho civil. Homenaje.*	Porrúa	2018
		Breviario 25. Los derechos de la Personalidad. Sanción civil a su violación.	Porrúa	2005
		Breviario 9. Régimen Fiscal de las transmisiones por herencia en el Distrito Federal (1950-2001).	Porrúa	2002
232	**Carlos Correa Rojo**	*Ley del Notariado CDMX.*	S/E, 3a. Ed.	2022
		Ley Registral CDMX y su Reglamento.	S/E	2021
		El notariado en México.	Porrúa	2017
		Evolución del notariado. 4 tomos.	Colofón	2014

N. Notaría	Nombre	Título de la obra	Editorial/Edición	Año
		Ley Registral para el Distrito Federal.	S/E	2011
		Guanajuato. Su notariado en el bicentenario.	México	2010
		Reglamento del Registro Público de la Propiedad.	S/E, 4a. Ed.	2010
		Evolución del notariado en el Distrito Federal 1865-2009.	México	2009
		Leyes del Derecho Notarial Mexicano.	S/E	2001
233	**Ángel Gilberto Adame López**	*Poesía y prosa.*	Bonilla Artigas Editores	2024
		Prontuario de avisos en materia notarial.	Tirant lo Blanch/IIJN, 4a. Ed.	2024
		Prontuario metropolitano de avisos notariales. Ciudad de México y Estado de México.	Tirant lo Blanch/IIJN, 2a. Ed.	2024
		Poesía y prosa reunida. (Compilador)	Bonilla Artigas Editores	2024
		Siglo de las luces...y las sombras.	Aguilar	2023
		Apuntes para una historia de los liberales en México a través de las batallas, fervores, escritos y derrotas de Ireneo Paz.	Aguilar	2023
		Diccionario Jurídico Notarial. Tomo III, IV (Autor).	Tirant lo Blanch/IIJN	2023
		Diccionario Jurídico Notarial. Obra colectiva. 4 tomos. (coordinador)	Tirant lo Blanch/IIJN	2023
		Breviario 2. Exposición sistemática de los legados. (reedición).	Tirant lo Blanch/IIJN	2022
		Breviario 24. El albacea (reedición).	Tirant lo Blanch/IIJN	2022
		El impuesto sobre adquisición de inmuebles. Antecedentes históricos. Timbre. Herencias y legados. Donaciones. Tablas de cálculo.	Porrúa, 5a. Ed.	2022

N. Notaría	Nombre	Título de la obra	Editorial/Edición	Año
		La prevención de operaciones con recursos de procedencia ilícita y el notariado.	Tirant lo Blanch/IIJN	2022
		Tres relatos notariales.	Porrúa	2022
		El Código Civil de 1928. Una reseña histórico-jurídica.	Tirant lo Blanch/IIJN/ Colegio de Notarios de la Ciudad de México, 2a Ed.	2021
		Justicia Constitucional y Derecho Notarial.	Tirant lo Blanch/IIJN	2021
		Estudios jurídicos de Manuel Borja Martínez.	Tirant lo Blanch/IIJN/ Colegio de Notarios de la Ciudad de México	2019
		El séptimo sabio. Vida y derrota de Jesús Moreno Baca.	Secretaría de Cultura/ INEHRM, 4a. Ed.	2017
		De armas tomar. Feministas y luchadoras sociales de la Revolución Mexicana.	Aguilar	2016
		Octavio Paz, el misterio de la vocación.	Porrúa	2015
		Antología de académicos de la Facultad de Derecho	UNAM	2014
		Breviario 24. El albacea.	Porrúa, 2a. Ed.	2013
		80 años de vigencia del Código Civil para el Distrito Federal. Trabajos conmemorativos de la autoría de Señores Miembros del Colegio de Profesores de Derecho Civil de la Facultad de Derecho de la Universidad Nacional Autónoma de México.	UNAM/Colegio de Profesores de Derecho Civil Facultad de Derecho	2012
		Breviario 51. El Impuesto sobre Adquisición de Inmuebles.	Porrúa	2010
		Breviario 2. Exposición sistemática de los legados.	Porrúa	2009
234	**Héctor Trejo Arias**	*Breviario 45. Registro Público de Comercio: algunas consideraciones sobre su razón de ser, alcances y evolución.*	Porrúa	2008

N. Notaría	Nombre	Título de la obra	Editorial/Edición	Año
		Breviario 33. Incompatibilidad y caducidad registrales, tracto sucesivo, improcedencia de pago de derechos, poderes registrales y no registrables, y otros temas relacionados con la práctica registral.	Porrúa	2007
236	**Alejandro Domínguez García Villalobos**	*El usufructo.*	Porrúa	1993
238	**Alfonso Martín León-Orantes**	*Breviario 55. La voluntad anticipada (reedición).*	Tirant lo Blanch/IIJN	2022
		Breviario 55. La voluntad anticipada.	Porrúa	2010
242	**Roberto Garzón Jiménez**	*Análisis civil y constitucional de la situación jurídica del nasciturus.*	Tirant lo Blanch/IIJN	2000
		Bienes y derechos reales.	Porrúa, 13a. Ed.	2022
		Derecho familiar.	Porrúa, 6a. Ed.	2011
		Derecho familiar y sus reformas más recientes en la Legislación del Distrito Federal.	Porrúa, 10a. Ed.	2022
		Derecho familiar y sus reformas más recientes en la Legislación del Distrito Federal.	Porrúa, 5a. Ed.	2005
		Derecho familiar.	Porrúa, 11a. Ed.	2023
		Formularios Notariales.	Tirant lo Blanch/IIJN	2018
		Obligaciones.	Porrúa	2023
		Sociedades de Convivencia.	Porrúa	2007
		Obligaciones.	Porrúa	2023
		Proyecto de Código Civil para la Ciudad de México. (colaborador)	Porrúa	2020
		Rafael Rojina Villegas. Estudios de derecho civil. Homenaje	Porrúa	2018

N. Notaría	Nombre	Título de la obra	Editorial/Edición	Año
		Homenaje al Doctor Jorge Alfredo Domínguez Martínez. (colaborador)	Colegio de Profesores de Derecho Civil Facultad de Derecho. Universidad Nacional Autónoma de México	2000
		Formularios Notariales	México	2018
246	**Guillermo Oliver Bucio**	*Breviario 73. Diversidad Registral en el desempeño de la actividad notarial. Comentarios sobre el Registro Público de la Propiedad y del Comercio.*	Porrúa	2013
		Breviario 65. Sociedades Mercantiles.	Porrúa	2012
		Breviario 45. Registro Público de Comercio: algunas consideraciones sobre su razón de ser, alcances y evolución.	Porrúa	2008
		Breviario 33. Incompatibilidad y caducidad registrales, tracto sucesivo, improcedencia de pago de derechos, poderes registrales y no registrables, y otros temas relacionados con la práctica registral. Colección Colegio de Notarios del Distrito Federal.	Porrúa	2007
		Homenaje al Doctor Jorge Alfredo Domínguez Martínez. (colaborador)	Colegio de Profesores de Derecho Civil Facultad de Derecho. Universidad Nacional Autónoma de México	2000
247	**Guillermo Aarón Vigil Chapa**	*Breviario 40. La Sociedad Anónima y Sociedad de Responsabilidad Limitada.*	Porrúa	2019

Fuentes de consulta

Actos Jurídico-Agrarios con participación de las y los Notarios Públicos conforme a la Ley Agraria. Protocolo orientador, Ed. Tribunales Agrarios, Procuraduría Agraria, Registro Agrario Nacional y Colegio Nacional del Notariado Mexicano, México, 2022.

Adame López, Ángel Gilberto y Treto Colín, Ana (coords.), *La prevención de operaciones con recursos de procedencia ilícita y el notariado,* Colección del Instituto de Investigaciones Jurídicas del Notariado, Ed. Investigaciones Jurídicas del Notariado. Colegio de Notarios de la Ciudad de México y Tirant lo Blanch/IIJN, México, 2022.

Aguilar Molina, Víctor Rafael, "La actividad notarial en el nuevo derecho agrario", *Colección de Temas Jurídicos en Breviarios,* núm. 1, 2ª ed., Ed. Porrúa y Colegio de Notarios del Distrito Federal, México, 2007.

________________________, "La enajenación de derechos parcelarios conforme al nueve artículo 80 de la Ley Agraria", en *Revista Mexicana de Derecho,* Colegio de Notarios del Distrito Federal, México, 2008.

Asprón Ortiz, Julio César, "La función del notario en México a partir de la reforma constitucional en materia de derechos humanos de 2011", en *Revista del Colegio de Notarios de la Ciudad de México,* núm. 1, Ed. Tirant lo Blanch/IIJN, México, 2020.

Cárdenas González, Fernando Antonio, *Inversión Extranjera, Extranjeros y Sociedades,* 6ª ed., Ed. Porrúa, México, 2015.

Castillo Villanueva, Heriberto, "Ley de Inversión Extranjera y su Reglamento. Consideraciones y Comentarios", *Colección de Temas Jurídicos en Breviarios,* núm. 4, 2ª ed., Ed. Porrúa y Colegio de Notarios del Distrito Federal, México, 2007.

Domínguez Martínez, Jorge Alfredo, "Incapacidad de ejercicio y discapacidad. Insistencia en la fijación de conceptos. Nuevas consideraciones", *Colección de Aportaciones de la Escuela Internacional de Derecho y Jurisprudencia a la Cultura Jurídica,* núm. 13, Ed. Procesos Editoriales, México, 2023.

García Villegas, Eduardo, "De la tutela designada a la tutela voluntaria", *Colección de Temas Jurídicos Breviarios,* Colegio de Notarios del Distrito Federal, núm. 60, Ed. Librería Porrúa y Colegio de Notarios del Distrito Federal, México, 2011.

Gutiérrez Pérez, Ricardo, "El nuevo derecho de la capacidad jurídica de las personas con discapacidad en la función notarial", en *Revista del Colegio de Notarios de la Ciudad de México,* núm. 2, Ed. Colegio de Notarios de la Ciudad de México y Tirant lo Blanch/IIJN, México, 2021.

Hernández de Rubín, Claudio Juan Ramón, "Igualdad, Desigualdad y Discriminación del artículo 1º Constitucional al Derecho Civil", *Centenario de la Constitución Mexicana de 1917. Ensayos del Notariado Mexicano,* Ed. Colegio Nacional del Notariado Mexicano, México, 2017.

León Orantes, Alfonso Martin, "La voluntad anticipada", *Colección de Temas Jurídicos en Breviarios,* Colegio de Notarios del Distrito Federal, núm. 55, Ed. Librería Porrúa y Colegio de Notarios del Distrito Federal, México, 2010.

Lozano Molina, Tomás, "Tutela cautelar y voluntad anticipada", *Colección de Temas Jurídicos en Breviarios,* Colegio de Notarios del Distrito Federal, núm. 44, Ed. Librería Porrúa y Colegio de Notarios del Distrito Federal, México, 2008.

Méndez de Lara, Maribel Concepción, "El ejido y la Comunidad en el México del siglo XXI. La Transición Agraria 1992-2015", Ed. Porrúa, México, 2016.

________________________, "Las restricciones a la propiedad ejidal y comunal, cien años de evolución 1917-2017", en Zebadúa, Emilio y Moreno Collado (coords.), *100 años de derecho agrario en México. Evolución, reto y perspectivas,* t. I y II, Ed. Porrúa, México, 2017.

Montalvo Parroquín, Adolfo, "Sistema electoral del siglo XXI", en *Centenario de la Constitución Mexicana de 1917. Ensayos del Notariado Mexicano.* Ed. Colegio Nacional de Notariado Mexicano, México, 2017.

Montiel Baca, Miguel Ángel, "Derecho Notarial Constitucional en México", en *Centenario de la Constitución Mexicana de 1917. Ensayos del Notariado Mexicano,* Ed. Colegio Nacional del Notariado Mexicano, México, 2017.

Orozco Garibay, Pascual Alberto, *La condición Jurídica de los Extranjeros. Aspectos Migratorias e Inversión Extranjera en México,* 2ª ed., Ed. Porrúa y Escuela Libre de Derecho, México, 2022.

________________________, "El régimen constitucional de la propiedad en México", *Colección Breviarios del Colegio de Notarios de la Ciudad de México,* núm. 54, Ed. Colegio de Notarios de la Ciudad de México y Tirant lo Blanch/IIJN, México, 2022.

________________________, "Las enajenaciones agrarias. Régimen fiscal y requisitos legales", *Colección de Breviarios del Colegio de Notarios de la Ciudad de México,* núm. 87, Ed. Colegio de Notarios de la Ciudad de México y Tirant lo Blanch/IIJN, México, 2023.

______________________, "Régimen fiscal y limitaciones a las adquisiciones y enajenaciones de inmuebles por particulares", *Colección Breviarios del Colegio de Notarios de la Ciudad de México,* núm. 88, Colegio de Notarios de la Ciudad de México, México, 2023.

______________________, "Reflexiones de los derechos de las personas con discapacidad frente a la función notarial", *Colección de Breviarios del Colegio de Notarios de la Ciudad de México,* núm. 86, Ed. Colegio de Notarios de la Ciudad de México y Tirant lo Blanch/IIJN, México, 2023.

______________________, "Régimen fiscal y limitaciones a las adquisiciones y enajenaciones de inmuebles por particulares", *Colección de Breviarios del Colegio de Notarios de la Ciudad de México,* núm. 88, Ed. Colegio de Notarios de la Ciudad de México y Tirant lo Blanch/IIJN, México, 2023.

______________________, *La propiedad pública, privada y social en México,* Ed. Porrúa, México, 2024.

Legislación

Constitución Política de los Estados Unidos Mexicanos

Constitución Política de la Ciudad de México

Código Civil Federal

Código Civil del Distrito Federal (hoy Ciudad de México)

Código Fiscal de la Federación

Ley General de Instituciones y Procedimientos Electorales

Ley General en Materia de Delitos Electorales

Ley General de Partidos Políticos

Ley Federal de Protección de Datos Personales en Posesión de los Particulares

Ley de Migración

Ley de Nacionalidad

Ley de Inversión Extranjera

Ley de Asociaciones Religiosas y Culto Público

Ley de Instituciones de Asistencia Privada para la Ciudad de México

Ley General de Sociedades Mercantiles

Ley del Impuesto Sobre la Renta

Ley del Impuesto al Valor Agregado

Ley Orgánica del Poder Ejecutivo y de la Administración Pública de la Ciudad de México

Ley Federal para la Prevención e Identificación de Operaciones con Recursos de Procedencia Ilícita

Código de Instituciones y Procedimientos Electorales de la Ciudad de México

Ley del Régimen Patrimonial y del Servicio Público

Ley para determinar el Valor de la Unidad de Medida y Actualización

Ley General de Asentamientos Humanos, Ordenamiento Territorial y Desarrollo Urbano

Ley Agraria

Ley de Expropiación

Código Fiscal de la Ciudad de México

Ley de Nacionalización de Bienes

Ley Nacional de Extinción de Dominio

Reglamento de la Ley de Nacionalidad

Reglamento de la Ley Agraria en Materia de Certificación de Derechos Ejidales y Titulación de Solares

Reglamento de la Ley Agraria en Materia de Ordenamiento de la Propiedad Rural

Reglamento de la Ley de Asociaciones Religiosas y Culto Público

Reglamento de la Ley de Inversión Extranjera y del Registro Nacional de Inversiones Extranjeras

Reglamento de la Ley General de Población

Reglamento para la Autorización de uso de Denominaciones y Razones Sociales

Reglamento de la Ley de Migración

Miscelánea Fiscal para el 2025